子どもが教育を選ぶ時代へ

野本響子
Nomoto Kyoko

はじめに

社会が変わっているのに、学校教育は昔のまま——よく聞かれる意見になりました。子どもを学校に入れて初めて、20～30年前の教育と変わらないことに驚く親もいます。

不登校の小中学生は2020年度で約19万6000人と増え、「子どもが不登校になったらどうしよう」と、心配する保護者もたくさんいます。私もその一人でした。

そんな私を救ってくれたのが、

「ハッピーじゃなければ、転校すればいい」

というマレーシア人の友人の一言です。興奮気味に授業の面白さを語る中学生の話を聞き、「世界の教育が、実は相当に面白いのでは？」と思い始めたのです。

我が家も、公立学校に馴染《なじ》めなかった長男を連れて、マレーシアにやってきました。何より驚いたのは、その教育の多様性です。

公立教育にも、民族別に言語の選択肢が存在しますし、「グローバル化に対応したい」

と考える人たちのために、「インターナショナル・スクール（以下、インター）」が政府に認可され、中間層の現実的な選択肢になっています。

さらに「ホームスクール」と呼ばれる無認可の教育機関が一般化していることも知りました。それればかりか、英語圏のオンライン教材が実に多彩なので、まったく学校や塾を利用せずに、自学してしまうホームスクーラーもいます。「学校はもういらない」と思う人たちも、少なくないのです。

そして本当に転校が当たり前にできます。私の長男も、短期・長期を含め、合計9つの学校を経験しました。途中で、小規模なホームスクールでプログラミング学習を中心とした自学自習の日々を送った後、再び学校に戻っています。ここで「学び方を自分で選択する」経験をたくさん積んだことは大きな価値になりました。

あらためて日本を見ると、ちょうどマレーシアの10〜15年前の状況に似ていると感じます。教育が少しずつ「多様化」しているのです。

富裕層向けに「ボーディング・スクール」（全寮制の寄宿学校）が進出する一方で、格安の庶民向けインターも登場しています。

また、文部科学省の旗振りで、公立学校の中にも「国際バカロレア（ＩＢ）」認定校が出てきて、少ないながらも選択肢が生まれています。公立の小学校でも英語やプログラミング教育が始まりました。

さらには「ホームスクーリング」の概念も少しずつ浸透してきています。文科省も2016年、不登校を「『問題行動』と判断してはならない」と教育関係者に向けて通知し、学校以外の学びの場所を認める方向に方針転換しました。角川ドワンゴ学園の「N高」のような独自のカリキュラムを持つ学校も登場しつつあります。

ただし、まだまだ過渡期なので、問題は起きるでしょう。その問題は、おそらく過去の東南アジア諸国で起きたことに似ているのではないか、と考えます。

私はマレーシアで学校案内をしたり、「東洋経済オンライン」で「マレーシア子育て最前線」という連載をしたりして、現地の教育機関や保護者・子どもたちを取材してきました。そのため「日本の教育に不安があり、海外で学ばせたい」という保護者の方からの相談をたくさん受けます。

日本の学校教育関係の方はもちろん、海外（オランダ、シンガポール、タイ、フィリピンなど）で子どもを育てている方、教育関連の仕事をしている方とも意見交換し、私自身も、現地の教育機関でスタッフとして働いていた時期があります。

そのうち、おぼろげながら、世界中の教育がだいたいどこへ向かっているのかが見えてきました。とはいえ、「世界の教育について書く」のは非常に難しく、まだまだ知らない部分もたくさんあります。

しかし一周回ってわかったことは、「万人に合う教育はない」こと、そして「教育は案外どこでもできるのだ」という事実です。

この本では、そんな私が気がついた日本の教育と世界の教育の違い、海外で行われている「新しい教育」の現場の実際や、自学する生徒たちの学習方法などを共有しながら、「教育の選択肢」を紹介します。

そして、最終的には、親ではなく、子どもが自分で教育を「選ぶ」時代になればいいなと考えています。今の教育が不安な方、学校に馴染めなくて困っている方へのヒントを提供できれば幸いです。

目次

第２章　世界の教育にある大きな二つの流れ

第3章　「四つのC」を現場ではどう教えているのか

第4章　増え続ける独学者とSTEM教育

大事なのは「変化に対応するためのスキル」
どうやって精神的柔軟性を鍛えるのか
「やめて次に行くこと」は苦しい
「失敗」も大事な経験だと思う
生徒が「教育の責任を取ること」がすなわち教育である
「答えがないこと」に親が慣れるということ
親の仕事は子どもを邪魔しないこと
子どもの個性をどう「発見」するのか
どこまで子どもの「没頭」を許すかが難しい
人には学び方のクセがある
視覚優位・言語優位・聴覚優位
「幼児の頃に英語をやらせないと間に合いませんか」
ホームスクーラーが当たり前になる日が来るのか
保護者や子どもたちが主体的に、教育を変えていく

第1章　日本の教育は今のままで大丈夫なのか

「なぜ」と考えさせない日本の教育

近年、小学校の厳しい指導が報道されています。

「漢字は、とめ、はね、はらいができないとダメ」
「給食では私語は厳禁」
「休み時間は外で遊ばないといけない」

2021年4月、「西日本新聞」には「とめ、はねで1年生に0点　先生、厳しすぎませんか?」という記事が掲載されていました。

習字のような「とめ、はね、はらい」ができていないと、漢字ドリルは全てやり直し。テストは0点――。小学1年の担任のこうした指導に対し、保護者から「厳しすぎる」という悩みが届いた。

記事は、保護者や教育現場からさまざまな声を紹介したあとこう続きます。

だが、文部科学省教育課程課の見解は異なる。「国語ではなく、社会や理科など他教科で書いた字は『とめ、はね、はらい』ができていないからといって、減点はしないという柔軟な評価を意味する」と説明する。

学習指導要領には「漢字の指導においては、学年別漢字配当表に示す漢字の字体を標準とする」とあり、漢字テストや書写では配当表通りの「とめ、はね、はらい」が求められるという。ただ、実際にどこまで減点するかどうかは「各校の判断」と付け加えた。

日本の公立小学校に入ったとき、私の長男もたくさんの疑問を持っていました。

「習っていないことを質問してはいけないのはなぜ」
「同じ漢字を何度も書かないといけないのはなぜ」
「『計算カード』を毎日やらないといけないのはなぜ」
「自由時間に外で遊ばないといけないのはなぜ」

私は、学校が「正解はこれだから、覚えなさい」と言うのは、子どもたちに「なぜ」と考えさせないためかなと思いました。実際、保育園児の頃から「なぜ」「どうして」と質問ばかりしていた長男には、日本の学校はずいぶん窮屈なところだったようです。

そこで試しに、マレーシアのインターナショナル・スクール（インター）に入れてみると、ドリルや計算の宿題が大幅に減り、質問は歓迎されます。

同時に「表現させる」「考えさせる」問題が増えていきました。授業では「この話の続きを以下の単語を使って考えて書きなさい」とか、「アパルトヘイトはなぜ終わったのか、あなたの考えを書きなさい」「キュビズムの手法を使って絵を描きなさい」という課題が出たりしました。ことあるごとに「自分で考えなさい」「自分で選びなさい」と促されます。なかにはさらに「考えさせる」ことに重点をおいて、教科書を使わず討論をメインに授業する学校もあります。

また小学校低学年からＩＴを利用するのは当たり前です。インターネットやパソコンの仕組みを詳しく教え、プログラミングをしたり、パワーポイントでプレゼンテーション資料を作ったり、音声ファイルを作ってくる宿題が出るのです。

一方、同じマレーシアでも公立校は、教科書も分厚く、日本と近い「詰め込み式」的な暗記教育をしているように見えました。複数語の学習が必須で、暗記量もかなり多いです。

さらに、「伝統的な暗記教育」と「先進的な教育」の折衷式もあります。長男が初期に通った二つの学校は折衷式でした。

このように、同じ国の教育でもいくつかの異なった潮流があるのだ——と私は気づきました。日本では、特に小学生のうちは、私立学校を含めほぼ同じ教育を受けます。つまり、一般的な家庭では小学校の教育プログラムを「選ぶ」ことが難しかったのです。

私はマレーシアで、何らかの理由で日本の学校をやめ、現地の学校に通う子を見てきました。

その多くがインターに入ります。授業料は割高ですが、日本の私立と同程度の学費のところもあります。

日本で発達障害や学習障害と診断された子どもが、先進的なインターで徐々に意欲を取り戻し、成績が上がったり、表彰されたりするケースを何度か見てきました。そこまでいかなくとも、日本で学校に適応できず、不登校になっていた子、いじめに遭っていた子、うつになったり、暴力的になっていた子たちが、楽しそうに学校に通う姿を何度も目にしました。

もちろん、そうではない例もあります。マレーシアに来た全員がハッピーになるわけではありません。日本の学校に向いている子もいるのです。

かと思うと、「学校に通わない子どもたち」も存在します。私の長男は中学のとき「学校よりも、オンライン教材の『カーンアカデミー』の方が効率的に学べる」と言って学校をやめ、プログラミング教室に通い、自学しました。こうした「学校に行かない」子どもたちもホームスクーラーとしてたくさん存在しており、政府にも認められています。

このようにマレーシアにはいろいろな教育手法があるので、興味や関心・年齢に応じて教育を選べるのです。

教育に選択肢がある国

マレーシアの教育を見ていると、三つの傾向に気づきます。

一つが前述のように、教育の種類が多いこと。

二つ目は転校が容易なことです。私立学校は、空きさえあれば学年途中から入学できる学校がほとんどです。日本のような「一斉入学」方式ではないため、転校生が毎学期来る学校もありますし、「スクールフェア」が年中行われていて、転校先を探せます。

三つ目は、学校以外の場所――つまり、自分で学ぶ流れが確立していることです。英語ができて好奇心がある人ならば、オンライン教材の拡充により、学びの質が大きく変わります。

違いは、実は子どもの教育ばかりではありません。大人にも、アプリやオンライン教育で自ら学んでいる人が大勢います。

余談ですが、日本の大人は学ばないといわれます。リクルートワークス研究所の約5万人を対象にしたアンケート調査「Works Index 2020」では、日本人には「自律的な学びが定着していない」と結論づけられています。新卒一括雇用で「会社に入ってしまった後は学ばない」人、「もう歳《とし》だから学ばない」「忙し過ぎる」と諦めてしまっている人が多いことも、大きく影響しているのかもしれません。

しかし、日本に育ち、国内の情報だけを見ていると、海外と日本の教育の違いにはなかなか気づくことができません。この本では、世界の教育との比較によって、我が子の教育をどうすべきかを考えていきます。

「知識を授ける」から「知識を疑う」へ

知識を教え、暗記させるばかりで、自分で考えさせない――実際に、よく聞く日本教育への批判です。しかし、実はもともと世界の教育のほとんどが、日本と同じように「知識を授ける型」でした。

このタイプの教育が始まったのは18世紀です。「プロイセンモデル」といわれ、産業革命の時代に工場で働く人を作るための教育だったといわれています。教育NPOカーンアカデミーの創設者として知られるサルマン・カーンさんは、プロイセンモデルの始まりをこう説明します。

> ひげから帽子、行進のしかたまで、何もかもが堅苦しいあのプロイセンで、いまの基本的な教室モデルは発明されたのです。（中略）ねらいは、自分の頭で考えられる人間を育てることではなく、忠実で従順な市民を次々と生み出すことにありました。両親や教師、教会、そして王の権威に従うことがいかに大切かを知りなさい、と。
>
> （『世界はひとつの教室』）

「授業時間」が決まっていたり、「教科」が細かく分かれていたりするのも、実は当時の社会の要請に合わせた結果でした。工業化時代には、それが理にかなっていたのです。カーンさんはこう書いています。

学習内容全般が「教科」に細分化されたのは偶然ではありません。教科は丸暗記できますが、もっと大きな概念を習得するには自由で束縛されない思考が求められます。（同前）

「授業時間」という神聖なる枠組みは、「絶え間ない中断により学習の自発性をそぐ」ために導入されました。生徒たちに所定のカリキュラム以上のことを考えさせたり、異端の危険思想を話しあう時間を持たせたりしては断じてならない。チャイムが鳴ったら有無を言わさず会話や思考を中断させ、予定された次の回へ進ませる。（同前）

しかし知識のあり方は、工業の時代とは大きく変わってしまいました。ネット時代には、物知りの価値が落ちていきます。検索すれば、知識は手に入るからです。そこで、かつては世界中で受け入れられてきた「プロイセン型」教育に疑問を持つ人が現れます。

『サピエンス全史』を著したユダヤ人歴史家のユヴァル・ノア・ハラリさんは、以下のように述べています。

現在、情報を詰め込むことに重点を置いている学校が多過ぎる。過去にはそれは道理に適っていた。なぜなら、情報は乏しかったし、既存の情報の緩慢でか細い流れさえ、検閲によって繰り返し堰き止められたからだ。（中略）それに対して二一世紀の今、私たちは厖大な量の情報にさらされ、検閲官たちでさえそれを遮断しようとはしない。（中略）そのような世界では、教師が生徒にさらに情報を与えることほど無用な行為はない。生徒はすでに、とんでもないほどの情報を持っているからだ。人々が必要としているのは、情報ではなく、情報の意味を理解したり、重要なものとそうでないものを見分けたりする能力、そして何より、大量の情報の断片を結びつけて、世の中の状況を幅広く捉える能力だ。

（『21 Lessons』）

学校が教えるべき「四つのC」

では、これからの学校は知識ではなく、何を教えるべきなのでしょうか。再びユヴァル・ノア・ハラリさんの書籍から。

それでは、私たちは何を教えるべきなのか？　多くの教育の専門家は、学校は方針を転換し、「四つのC」、すなわち「critical thinking（批判的思考）」「communication（コミュニケーション）」「collaboration（協働）」「creativity（創造性）」を教えるべきだと主張している。より一般的に言うと、学校は専門的な技能に重点を置かず、汎用性のある生活技能を重視するべきだという。なかでも最も重要なのは、変化に対処し、新しいことを学び、馴染みのない状況下でも心の安定を保つ能力になるだろう。（同前）

そして、この「四つのC」はマレーシアで見てきた多くの先進的な教育と合致します。これが「新しい教育」――いわゆる「21世紀型教育」です。そして、すべてではないものの、今、世界の教育はじわじわと「21世紀型」に変わりつつあります。マレーシアで最も勉強熱心（従来型の知識詰め込み型）なのは、伝統的な半公立の華人学校といわれますが（華人学校を選択する日本人は少数）、その華人学校ですら、後述する経済協力開発機構（ＯＥ

CD）調査にある「批判的に考える課題」「解決法が存在しない課題」を与えるように、時代に合わせて変化しているのです。

この議論はもちろん、日本でも始まっています。1980年代に、中曾根内閣の臨時教育審議会ではすでに、「記憶に偏った詰め込み型、知識集約型の教育ではダメだ」という意見が出ています。つまり長い間、教育改革が叫ばれながらも、たいして変わっていないということなのです。

経営コンサルタントの大前研一さんは、こう書いています。

> 従来の教育は、答えのある時代の教育です。欧米のことを勉強しよう、先に覚えたほうが勝ち、指導要領通りやる、こういう教育です。しかし今は答えのない時代です。あくまでも自分が自分の頭で考え答えを見つけられるかどうか、その力を養う教育が必要なのです（中略）。フィンランドやデンマークは1990年代の初めにそういう教育に転換しました。
>
> （大前研一ほか『21世紀を生き抜く「考える力」』）

つまり、「21世紀型」は、知識そのものよりも、むしろ与えられた情報に対して、「これは本当かな?」「違う見方はないのだろうか?」などと考えるクリティカルシンキングや、情報を組み合わせる力が大事だと教えるのです。マレーシアのインターには「教科書も信じるな」と教えるところがありますが、教科書ですら、情報はどんどん古くなるものなのです。誰でも情報を検索できる今、「こんなことも知らないのか」と知識を披露して、相手より優位に立てる時代は、終わりつつあります。

アジアでも進む「情報を吟味する教育」

「日本経済新聞」は、2018年の学習到達度調査(PISA:Programme for International Student Assessment)の結果に言及し、日本の教育には、情報の正しさを評価する能力が足りないとしています。

読解力調査では、インターネットで情報が行き交う現状を反映し、ブログなどを読んで解答を選んだり記述したりする内容が出された。文科省によると、日本の生徒は、書いてある内容を理解する力は安定して高かったが、文章の中から必要な情報を探し出す問題が苦手だった。情報が正しいかを評価したり、根拠を示して自分の考えを説明する問題も低迷した。

（「日本経済新聞」２０１９年12月3日）

元公立高校教諭で、オランダの教育システムについて発信を続けている三島菜央さんに取材すると、日本の生徒たちの意識はテクニックに向いていると言います。「高校生たちには批判的思考が欠けていることが多く、『先生、一番楽に覚えられて、受験に向いている単語帳はどれですか』のような、ショートカット的な受験テクニックを聞かれることも少なくありませんでした」と話しています。

しかし、この問題は、教育に関わる人だけではなく、社会にも反映されています。ネット上で10年間も中傷を受けたお笑い芸人のスマイリーキクチさんは、中傷犯人の特徴をこう書いています。

「情報の仕分け」「考える力」「情報発信者を疑う能力」、この三つが欠如している

（中略）

他人の言葉に責任を押しつける。

自分の言葉には責任を持たない。

（『突然、僕は殺人犯にされた』）

とくに「情報の仕分け」「考える力」「情報発信者を疑う能力」——は日本の教育には著しく欠けた部分といわれます。ＯＥＣＤが48カ国・地域の小中学校の教員を対象に行った「国際教員指導環境調査２０１８」があります。

以下は、文部科学省の分析資料からです。

日本の中学校教員については、以下の項目において、参加国平均と比べて顕著に低い。

「批判的に考える必要がある課題を与える」

「明らかな解決法が存在しない課題を提示する」

（「ＯＥＣＤ国際教員指導環境調査（ＴＡＬＩＳ）２０１８報告書」）

「批判的に」というのは、反対意見を述べて「論破」することとは違い、事実に基づいて論理的に考える——という意味です。どれくらい低いのか。

48ヵ国の教員たちが実践している指導の中で、「批判的に考える必要がある課題を与える」という項目がある。批判といっても、クレーマーのように無理筋のイチャモンをつけるのではない。目の前に提示された話をハイハイと鵜呑みにするのではなく、客観的事実に基づいてゼロベースで論理的に考える力をつける、という立派な教育だ。

このような指導をしていると回答した教員の割合は、やはりというか欧米豪が高い傾向があり、アメリカは78・9％、カナダ（アルバータ）は76％、イギリス（イングランド）は67・5％、オーストラリアは69・5％となっている。

ただ、他の国もそれほど低いというわけではなく、アジアではシンガポール54・1％、台湾48・8％、韓国44・8％。イデオロギー的に国民の体制批判に敏感な中国（上海）でさえ53・3％、ロシアも59・7％なって《ママ》おり、48カ国の平均でみると61％だった。

このOECD調査から浮かび上がるのは、子どもたちに対して、「なんでもかんでも言われたことを鵜呑みにするのではなく、自分の頭で論理的に考えてみなさい」と教育するのは、社会や文化に関係のない「世界の常識」ということだ。

が、この常識に頑なに背を向けて、我が道をつき進む国が1つだけある。そう、我らが日本だ。先ほどの調査で47の国・地域が40〜87％の範囲におさまっている中で、なんと日本だけが12・6%と、ドン引きするほどダントツに低いのである。

（窪田順生「『うがい薬買い占め』で露呈する、日本の学校教育の致命的欠陥」）

この調査から見えるのは、世界の教育がアジアを含め、「情報を鵜呑《うの》みにして覚える」から「情報を吟味する」ことに重点をシフトしていること、そして、日本だけがそのトレンドから大きく外れているということです。

「21世紀型教育」を推進し始めた文科省

日本の文科省もこの問題には気づいており、「アクティブ・ラーニング」などの教育改革を進めています。しかし、なぜ現場は変わっていないのでしょうか。

文部科学省大臣官房国際課国際協力企画室長（当時）の松木秀彰さんは、2016年のインタビューで日本の教育がこれまで改善されなかった理由を聞かれ、教育現場での先生の負担増や、受験改革の難しさを挙げていました。

理由は2つ考えられます。1つは、「アクティブ・ラーニング」の特徴が、「答えはたった

1つではない」課題に主体的・協働的に取り組むものであるということです。そうしたスタイルに変更する場合、現場の先生は、答えが複数ある問題を作成し、回答させ、採点することの負担が大きく膨らむことになります。近年は学級崩壊やいじめなど、教育の現場においてはさまざまな問題が浮上しており、先生たちはその課題をクリアするための努力をしてきました。そうした背景から生まれた時間的・人的不足が、これまでの授業のスタイルを続けざるを得なかった理由の1つです。

2つめは、大学入試試験《(ママ)》の仕組みです。日本の大学入試試験のほとんどは〝穴埋め問題〟によって構成されており、「知識の量」を測るペーパーテストが大半を占めています。これには「採点しやすい」、「点数化しやすい」というメリットがあり、戦後、あるいは高度成長期における〝子供が多かった時代〟に適した採点方法として定着しました。そうしたシステムが高校受験や中学受験にも浸透してしまったため、知識偏重型の教育から脱却できなかったのだと考えています。

（大前研一ほか『世界への扉を開く〝考える人〟の育て方』）

また、現場との温度差もあるようです。先の元高校教諭三島さんは、「日本の文科省のホームページに行くと、素晴らしいことが書いてあるのですが、残念ながらその指示は、現場が取り組める段階になるまでに大きく変化してしまっているように思います。文科省の指示がカルピスの原液だとしたら、伝言ゲームの挙句、現場に来るときには水になってしまっている感じです。また、先生たちが抱える既存の業務量が多過ぎて、その指示を実行することが難しいこともしばしばあります」と話しています。

教育改革が暗礁に乗り上げた

こういった流れを受けて、「考える力」を向上させる大学入試改革が、２０２０年から進行するはずでした。

ところが、２０１９年、教育改革の目玉であった入試改革がさまざまな批判を受けて、暗礁に乗り上げてしまいました。公平な採点の難しさや受験生の経済格差などが問題となり、大学入学共通テストへの記述式問題と英語民間試験の導入が断念されたのです。

世の中が変わる中、親たちが不安を感じるのも当然です。いくら学習指導要領を変えても、現場である学校や、出口の入試を改革しない限りは、教育自体は変わりません。先生方に聞いても、文科省の関係者に聞いても、一人ひとりは高い理想をお持ちです。しかし、なぜかシステム全体では動けない――外からはそんなふうに見えます。

もう旧来の「学校という制度」自体が時代に合わないのかもしれません。現場の教員の方々も、ギリギリの勤務体制の中、疲弊しながら子どもを教え続けています。ＩＴ教育をしたくても現場に予算がない、英語を教えたくても教師が学ぶ時間も余裕もない——そんな声もあります。

子どもを年齢で区切って一つの場所に入れることの限界も出てきています。

ただし、こうやって問題が表面化するのは良いことだと思います。親は覚悟ができますし、「これは異常事態だ」と気づけます。

前述したように、文科省は不登校を柔軟にとらえるようになりつつありますし、先進的な公立・私立学校でかなり思い切ったカリキュラム改革を進めているところもあります。

また、文科省の旗振りで、全国で国際バカロレア（ＩＢ）プログラムを採用するところも増えてきています。ＩＢは、一つの国の制度や内容に偏らない世界共通の大学入学資格および成績証明書を与えるスイス発祥のプログラムです。

おそらく、こうやっていろいろな学校が草の根的に現れてきて、日本でも「学習指導要領」から逸脱した学校が出てくるのではないでしょうか。

親は日本の教育が過渡期にあると認識しておくとよいと思います。

教育現場が変わらない五つの理由

多くの教育現場がなかなか変わらないのには、五つ理由があると思います。

一つ目として、親も先生も自分が受けた教育を基準に考えます。

実は、マレーシアでも「21世紀型教育」は親には評判が悪いです。「遊んでいるようで不安」「机に向かう時間が少ない」というわけです。日本で「ゆとり教育」がうまくいかなかったのと同じことが、世界でも起きているのです。サルマン・カーンさんの『世界はひとつの教室』の冒頭にはこんな言葉が引用されています。

> 自分が受けた教育を子どもに押しつけてはならない。彼（彼女）はあなたとは別の時代に生まれたのだから。
>
> ラビンドラナート・タゴール

二つ目は、現場の先生たちも「従来型」教育を受けているので、新しい「21世紀型」教育への理解や移行に時間がかかることです。語学力や広い教養が必要になることもあるのですが、そのための研修機会や時間が、忙しい先生たちにあるでしょうか。

三つ目は、教師と生徒が対等でないと、「21世紀型」教育は難しくなることです。日本では厳しい上下関係が、学校を含めてあらゆる組織のベースになってきました。「自分の意見を言って」が成立するのは、ある程度、相手と自分が対等でないとできません。マレーシアの教育現場を見ていると、先生に対して生徒がときに「先生は間違っています」と指摘し、先生が「そうだね、先生が間違っていたようだ」と撤回するシーンがありました。上下関係で生徒を教えることに慣れてきた教師には難しいかもしれません。

四つ目は、日本の企業の採用基準です。社会の側もまだまだ「自ら課題を見つけ、自ら学び、自ら考え」る人を採用しない傾向があるようです。作家の橘 玲《たちばなあきら》さんは、日本ではいまだに「体育会系の人」が就職では人気だと書いています。

ヘッドハンターによると、日本企業と外資系企業では採用基準がちがうそうです。外資系企業が評価するのは学歴・資格・職歴・経験、そしてなにより実績で、男女の別や国籍・人種は問いません。それに対して日本企業は「男性」「日本人」が当然の前提で、女性や外国人はそもそも検討の対象にもなりません。

（中略）興味深いのは、外資系企業がまったく関心を示さないのに、日本企業にとってきわめて重大な属性があることです。それが「体育会」です。

「いつも不思議に思うんですけど」と、ベテランのヘッドハンターはいいました。「大学の運動部出身というと、どこも大歓迎なんです。〝えっ、この程度の実績でいいの〟と思うようなひとでも、どんどん採用されていきます」

（橘玲「日本企業は『体育会系』大好き、日本社会は『運動部カルト』」）

五つ目は、親や生徒が「大学への最短距離」を目指す傾向があること。いくら学習内容を変えても、受験を変えない限り、教育が変わらないと言われるのはこのためです。これは海外でも同じです。

ＩＢなどの「考えさせる教育」はときに遠回りに見えます。時間をかけて、討論したり、調査したりするよりも、手っ取り早く暗記した方が、「早く・安く」大学に行ける――そんなふうに考えると、結局は伝統的な教育の方が効率的に見えるのです。

どの国でも、学校や教育者は現場や親と戦いながら、「正解がない」なか、新しいことを手探りでやっているのです。しかし日本のそれは教育予算の少なさや、親や教育者の平均年齢の高さなどで特に阻害されています。

　前出の三島さんも、「日本の教育予算は、ＯＥＣＤで最低レベルです。私が働いた高校では予算不足でプロジェクタもＷｉ－Ｆｉもありませんでした。オーストラリアの留学生が学校を見学に来て『おばあちゃんの家みたい。日本って、ソニーとかシャープとか、テクノロジーが強い国じゃなかったの』と不思議がっていました」と話しています。

「ＰＩＳＡランキング」をどう判断するのか？

　教育の程度を世界と比較するとき、よく出てくるのが「ＰＩＳＡランキング」です。これはＯＥＣＤが進めている国際的な学習到達度に関する調査で、２０００年に登場し、各国政府が学力を比べる「通信簿」のようになっていきました。数学的リテラシー、読解力、科学的リテラシーの分野で、各国生徒の「学力」を調査します。

　日本はこのランキングでは、世界トップレベルにあります。このことから日本の教育を評価する人たちもたくさんいます。


経済協力開発機構（ＯＥＣＤ）は3日、世界79カ国・地域の15歳約60万人の生徒を対象に

2018年に行った学習到達度調査（PISA）の結果を公表した。日本は「読解力」が15位となり、前回15年調査の8位から後退した。「数学的応用力」は6位（前回5位）、「科学的応用力」は5位（同2位）になったが、世界トップレベルは維持した。

（「日本経済新聞」2019年12月3日）

トップは全部中国で、シンガポール、マカオ、香港《ホンコン》と、上位にはアジアの国がズラッと並びます。ただし、評価手法の方も変化しており、日本の読解力低迷は、前述のように、PISAランキングの読解力部分に、いわゆる「批判的思考力」を問う「質と信ぴょう性を評価する」「矛盾を見つけて対処する」という項目が追加されたことが大きいようです（おおたとしまさ「日本の子どもの『読解力』8位から15位に急落――〝PISAショック〟をどう読み解く？」）。

しかし、今やPISAランキング自体が「古いのではないか？」という意見もあるのです。マスコミも各国政府も、よくこのPISAのランキングを比べ合っていますが、実はこのPISAランキングで評価している項目と、イノベーションや起業に必要な能力は別なのではないか？という議論が出てきています。

「PISAは時代に合っているのか?」は第2章で考察します。

英語ができるだけで広がる学びの範囲

こう書くと、「海外に移住しないと新しい教育が受けられないのですか」と心配する人も多いと思います。しかし、日本でも少しずつ教育が変わりつつありますし、オルタナティブ・スクールやインターナショナル・スクールも増えています。また、マレーシアでは「学校に頼らずに自習する人」が増えています。

つまり、移住しなくても学ぶ機会は十分にあるのです。

現在、自習のための教材はインターネットにあふれています。例えば、マレーシアの中高生には、先に触れたサルマン・カーンさんによるオンライン教材のカーンアカデミーは有名です(後述)。

また、YouTube の教育チャンネルは激戦区です。なかでも、TED-Edは小学校のグループチャットでもよく共有され、授業で利用されることもあります。

MOOCsと呼ばれるオンラインサイトの利用も盛んです。これは無料または格安で大学の講義が学べるedXやコーセラなどのことで、欧米の大学の授業を自発的に履修し、哲学や数学、物理などを学んでいる子もいます。マサチューセッツ工科大学（ＭＩＴ）では、ほぼすべての授業をオンラインで公開する「MIT OpenCourseWare」があり、物理の基礎やプログラミング、ＡＩのコースを取ることができるのです。英語さえできれば、授業は聴き放題です。学校に行かないホームスクーラーたちが集まって、「どのサイトで何をやっているか」の情報交換をするのです。

語学学習アプリDuolingoも人気。学校で教わる語学のほか、自分で日本語やスペイン語、韓国語などを学んでいる子がいます。

「ニューヨーク・タイムズ」が大きく報じて有名になった、タリバン政権下のアフガニスタンで小学校をドロップアウトしたスルタナさんは、英語をマスターすると、カーンアカデミーで代数、幾何学と三角法、微積分学を学び、「ひも理論」に興味を持ったそうです。その後も、ｅｄＸとコーセラで物理などを学び続け、カリフォルニア工科大学に進学しました。

２０２０年には、ＩＢＭなどが、世界約５０００人の高校生以上を対象に量子コンピューティング・スクールを開催しました。ＭＩＴとオックスフォードの研究者が、現在開発が進んでいる量子コンピュータをライブで教えてくれる無料の講座です。授業は毎週２回オンラインで、世界各地で時差に合わせて行われました。当時中学生だった私の長男も、友達と一緒に受けていました。

この授業は数学の基本知識があれば受講可能で、プログラミング言語Python（パイソン）も基礎から教えてくれます。受講生たちは「Pythonで量子ゲートの設計図を書いてみましょう」などの課題に取り組みます。マレーシアで受講している子どもたちに聞くと、3Dゲーム「マインクラフト」や学校の授業で量子ゲートの設計図に馴染みがあるそうで、「ネットで勝手に覚えた」「アプリで学んだ」という子が多いのです。

また、MOOCsやカーンアカデミー、Duolingoは、どの言語のリソースに触れるか（日本語か？　英語か？　中国語か？）でも大きな差がつきます。というのも、日本語の学習コンテンツもあるにはあるのですが、数が圧倒的に少なくなってしまうのです（Duolingoでは日本語で学べる言語は4カ国語ですが、英語を使うと38カ国語を学ぶことができます）。

つまり、英語ができるだけで、中高生の学びの範囲は世界中に大きく広がっているということです。今では日本でも、オンラインなどで英語を学べます。英語を使え「学びたい」という気持ちがあれば、私たちの想像を超えるレベルで、はるかに高度なことを学べるオンラインリソースがあるのです。そして、そのリソースを使って柔軟に貪欲に学んでいく生徒が出てきています。

以上、マレーシアから見た日本との教育の違いをざっと見てきましたが、次章からはもう少し深く、世界のトレンドについて解説します。

第2章　世界の教育にある大きな二つの流れ

1種類ではない「海外の教育」

日本の教育が批判されるときに、よく海外の教育が引き合いに出されます。しかし海外の教育といっても本当に多種多様で、いったいどこの国のどのシステムの教育なのかを明らかにしないといけません。

日本の場合、私立も公立も、ほとんどの学校が基本的には政府が決めた学習指導要領に従っているので、それほど大きな違いは出ませんでした。

ところが日本の外に出ると、何歳で学校に入るのか、何を何年生で学ぶか、という点から大きく異なります。日本で先進的な教育といったとき、よく例として出てくるのは、フィンランドやオランダなどですが、フィンランドとオランダのシステムは相当違います。オランダでは学校を自由に設立できるため（コラム参照）、教育システムは学校によって、多種多様なのです。

マレーシアだけを見ても、前述のように、教育方法はさまざまで、なかには学校教育を受けていない自学者も存在します。つまり「マレーシアで教育を受けた」人といっても、まったく真逆の価値観による教育を受けている可能性があります。年代によって、教育言語が異なることもあります。公的な教育は政治体制とも深く関わっており、政権交代とともに絶えず変化しています。「いつの時代のどの教育を受けたか」でも変わります。

この状況は「教育の選択肢が多い」とも言えるし、「複雑過ぎてわからない」とも言えます。

大きく「従来型」と「21世紀型」に分けられる

世界の教育には、大きな流れとして「プロイセンモデル」の「従来型」と、新しい教育である「21世紀型」があります。

先生が教科書と黒板を使って知識を教える「アジアの伝統的な教育」がプロイセンモデルとすれば、「新しい教育」は多くが（方法の違いはあれど）「四つのC」、つまり「communication（コミュニケーション）」「collaboration（協働）」「creativity（創造性）」「critical thinking（批判的思考）」を教える方向です。さらに、両者の折衷式の学校が数多く存在します。

少々乱暴にマレーシアで見られる各国式の比較をしてみますと、最も伝統的な教育なのがマレーシア式（アジア式）、次が積極的に教育システムを輸出している英国式です（文科省の資料によれば、英国では暗記教育への揺り戻しがあったといわれています）。最も「21世紀型」「考える教育」に寄っているのがスイスで生まれた国際教育「国際バカロレア（IB）」で、英国式のほかにカナダ式とオーストラリア式があり、これらは州によっても異なりますが、だいたい英国式とIBの中間に位置している感じです。

同じ方式でも、運営によって違います。

同じ英国式でも、教科書をなくし、ディスカッション中心に教える学校もあれば、従来のアジアの学校のようにドリルを大量にやらせる学校もあるのです（これは後述しますが、マレーシア式欧米インターナショナル・スクールともいうべきもので、欧米式のカリキュラムを利用しながらも、数学だけはシンガポール式で教えたり、語学が3カ国語必須だったり、マレー系のためのイスラムの時間があったりします）。

21世紀型の亜流ともいえるもう一つの流れが、「Science, Technology, Engineering and Mathematics」すなわち科学・技術・工学・数学の頭文字をとった「STEM（ここにArtを入れてSTAEMというケースもあります）」と呼ばれる教育です（詳しくは第4章）。今後必要となるといわれる数学やコンピュータ、エンジニアリングなどを教える流れで、各国のカリキュラムにも組み込まれているものの、完全にSTEMに特化した学校は、マレーシアにはまだないと思います（ホームスクールは存在しますが、政府の認可を得ていません）。

このほかに、どちらにも当てはまらない、「オルタナティブ」と呼ばれる教育システムも存在しています。マレーシアにも少数ながら、モンテッソーリの小学校が存在します。学年を取り払ったり、生徒が興味を持つままに自由に学習できたり、独自のシステムで教えています。

また、マレーシアには大量のホームスクーラーと呼ばれる人がいて、その中には自学者も多く、「学校教育自体、もういらない」とする考え方もあります。

PISAランキング上位のシンガポールと中国の方針転換は何を意味するか

このように世界には二つの大きな潮流があるのですが、昨今、従来型の伝統的な教育手法を取る学校に変化が出ています。

教育効果の一つの指標になっていたのが、OECDのPISAランキングだったことは前述しました。

今、かつてPISAランキング上位だったアジアの国々が、従来型教育を変えようとしています。2018年のPISAランキングは、1位が中国、2位がシンガポール、3位がマカオでした。

一見、詰め込み型の〝旧来型学力〟に力を入れてきた印象も強いシンガポールだが、政府は1997年に「考える学校、学ぶ国民」政策で、試験のための勉強から、革新力、創造力などを重視する姿勢を示すなど、教育改革を行ってきた。

（中野円佳「世界でブーム『全人格で競う教育』の過酷な実態」）

中国も2021年に教育内容を方針変更すると発表し、話題になっています。

宿題については、「小1、2年は筆記の宿題を出してはいけない。反復練習など知識の定着は学校で行う。小3～6年生の筆記の宿題は1時間以内、中学生は90分で終わる分量を守る」「宿題が終わらなくても、睡眠を優先する」など、具体的な線引きを明示した。学習塾は「新設は認可しない」「上場による資金調達を認めない」と規制を課した。

（浦上早苗のインサイド・チャイナ「中国政府、少子化対策で『宿題禁止令』。幼稚園で円周率100ケタ暗記、重い負担が社会問題に」）

もちろん、各国にはそれぞれの事情もあり、これだけで「従来型教育に意味がない」とか「ＰＩＳＡランキングに意味がない」と決めつけるのは早計です。ＰＩＳＡランキング自体、評価を毎回変えてきています。ですが、上位常連国が、何らかの事情があって、教育を変革しているのは確かなようです。

ＰＩＳＡランキングで上位に入る国と、起業の盛んな国とは反比例

なぜＰＩＳＡランキング上位の国が方向転換しているのでしょうか。

かつてＰＩＳＡで教育レベルを測るのは正しいのか？と指摘したのは、英国・米国の教育者であったケン・ロビンソン氏です。彼のＴＥＤ動画「学校教育は創造性を殺してしまっている」が史上最高の７０００万回再生されたことで、知っている方も多いでしょう。この人が世界の教育改革に与えた影響は非常に大きいといわれています。

ロビンソン氏は「そもそも、社会が求める能力と大学教育がマッチしていないのでは？」と指摘しました。

二〇〇八年に、IBMは組織のリーダーが従業員に何より求める性質について、八〇ヵ国で一五〇〇人のリーダーを対象に行った調査結果を発表した。最重要とされたふたつの資質は、変化への適応力と新しいアイディアを生み出す創造力だった。非常に有能な大卒者でも、このふたつの資質に欠ける人が多いという。起業家に必要な能力のうち、教育改革論者があれほど重視している戦略で育まれるものはほとんどない。それどころか、標準化された教育では創造性と変革の精神がつぶされてしまう。このふたつこそ、今日の世界経済を支えているというのに。

当然ながら、（中略）PISAランキングで上位に入る国と、起業の盛んな国と反比例する。

（ケン・ロビンソン、ルー・アロニカ『CREATIVE SCHOOLS』）

米国では年100万件の雇用が失われているものの、新しい企業が年300万件以上の雇用を創出しているそうです。つまり求人自体がないわけではない。ところが、そこに対応できる大卒者が少ないのです。

特に欧米では「大学卒」の若者の失業率が上がっています。大学を出ても職がない——そこで「PISAを含め、教育の方向がそもそも間違っていないか？」と気づく人たちが現れたのです。

新しい職の多くが、失われた以前の職とは大きく異なるスキルセットを必要とし、どういったスキルセットが必要となるのか事前に判明することはあまりない。そういう能力をすでに習得しているか、職業の変更に適応していける創造的な起業者としての能力を備えた人が新しい仕事を獲得した。（同前）

つまり、学校で教えるスキルが実社会では役立っていない、と指摘したのです。実社会には求められている仕事がたくさんあるのに、大卒者にすら、その必要なスキルを持つ人が少ない。新しい仕事——例えば、データサイエンティストなどの不足が叫ばれる今、この傾向は10年以上経《た》って、さらに強まっているのではないでしょうか。

日本でも、高い学費を払ってＭＢＡやPh.Dを取っても、その後の就職先がないことがあります。大学卒業の価値と社会での必要度がリンクしていないことが原因のようです。

学術研究をする人はともかく、多くの人は大学を出て、社会で働きます。そして今大きな問題となっていることが、「どうも大学で学んだスキルセットが、社会で活《い》かせなくなってきた」ということです。

まさに、今世界中で増えている失業者と格差問題の陰には「ＰＩＳＡランキングで上位を目指す教育」があるのではないか、と指摘しているのです。

こう書くと「職業に役に立つ教育だけをやるのか」「専門学校でよいではないか」と思われるかもしれません。確かに、科目によってはそう見えるでしょうが、実態はむしろその真逆です。「四つのＣ」を見てわかるとおり「スキルセット」とは単純な職業教育ではないのです。

「21世紀型」教育の最右翼といわれるＩＢのディプロマ・プログラムでは、ほぼ全員が、アリストテレスをはじめとする古今東西の哲学者の思考や、シェークスピアなどの「古典文学」とじっくり向き合い、大学の教養課程に近いことをやっています。

職業の寿命が短くなっている今、一つの職業に特化した訓練を受けると危険が高まります。そこで、むしろベースとなる方法論（クリティカルシンキングや協働など）をじっくり学ぶのです。

授業ではすべてのベースに哲学が生きていると感じます。親は「これが社会に出て、いったい何の役に立つのか？」と思うかもしれませんが、一生役立つ思考力を身につけているのです。

自殺率とPISAランキング

また、中国が方向転換を図る理由の一つに、競争の激化による健康問題や自殺率の上昇、少子化の問題があるといわれています。

中国共産党弁公庁と国務院弁公庁は7月24日、「小中学生の宿題と塾・習い事の負担を軽減するための意見」を発表。大量の宿題と塾通いが子どもと保護者の負担になっていることを問題視し、地方政府に対応を求めた。

（浦上早苗のインサイド・チャイナ「中国政府、少子化対策で『宿題禁止令』。幼稚園で円周率100ケタ暗記、重い負担が社会問題に」）

塾が有名校と癒着し利害関係を持ったり、教育格差が深刻な状況にあったりもするそうです。また、世界的に高くなる若年層の自殺率とPISAランキングとの関連も指摘されています。中国では、6～17歳の生徒の4割に神経衰弱やうつ症状があるそうです。

中国の小・中・高校の宿題の量が多いことは、世界的にも有名だ。宿題に追われて就寝時間が夜中の11～12時になることが普通である。「2019年中国児童・青少年睡眠指数白書」では、7万人の6歳～17歳の学生に調査を行った結果、6割は睡眠時間が8時間未満。そのうち36％の人が肥満症で、40％は神経衰弱やうつ症状があるとのデータもある。

（王青「中国人の教育ママと子どもたちが日本の小学生を見て驚き、感動したこと」）

東南アジアでPISAランキング上位の常連国であるシンガポールも、この傾向に対処しようとしています。

競争がますます過熱していることは、シンガポール政府も認識し、対処をしようとしている。従来は小学校低学年から実施されていた学期末試験を、2020年からは撤廃。宿題の量も減らし、よりリラックスして子ども時代を楽しんでもらいたいとする趣旨を発表した。

> 2021年からは、小学校修了試験（PSLE）の採点を1点単位を争うものから、幅のある評価へと変更。2024年からは総合成績によるクラス分けが生徒の過度な「ラベリング」につながりモチベーションを下げる（2019年のOng Ye Kung教育相の発言）ため、科目別のコース分けに変更される。
>
> （中野円佳「親がわが子を受験戦争から撤退させられない理由」）

欧米の大学側も、最近では「受験テクニックに長《た》けた暗記だけの生徒はいらない」という方針を打ち出し始めました。米国の大学を目指す生徒たちを助けてきた、プリンストン日本語学校高等部の冷泉《れいぜい》彰彦《あきひこ》さんは、米国の大学には「期待されない学生像」がまずあると言います。

それは「入学そのものが目的化している学生」なのだそうです。

その背景には、「自分でモノを考えない人間」あるいは「機械的な暗記や模倣だけが得意な人間」を排除したいという価値観の問題もあります。ですが、大学としてはもっと切実な問題意識を持っているのです。それは「入学することが目的になっている学生」は、入学後に伸びない可能性、さらに言えば「燃え尽き症候群」に陥る可能性があるという点です。

（『アイビーリーグの入り方』）

ＰＩＳＡに代表される従来型教育に対する逆風を見てきました。だからといってこれまでの標準化教育がなくなったわけではありません。従来型と21世紀型の２種類の教育手法には、どちらにも良い点・悪い点があり、向き・不向きもあります。

「折衷型」で親を安心させるマレーシアの多くのインターナショナル・スクール

マレーシアでは従来型——つまり伝統的な教育方法を取る公立学校には根強い人気があります。これは現地ではインターナショナル・スクール（インター）の「21世紀型」教育に対し、アジアの「伝統的」教育と呼ばれることが多いです。

ある学校の先生は「マレーシアの親は子どもが机に向かっていないと不安なようだ。もう机に向かって勉強する時代は終わったのに」と嘆いていましたが、実際にインターに子どもを入れたものの、その「ゆるさ」に苛立《いらだ》ってしまい、華人学校など伝統的教育に戻っていく親がよくいます。

「親が子どもの教育の障害となることがある」というのは、実は海外でも同じです。

アジア、アフリカ、中東で教育事業を展開するビーコンハウス・グループは、現在、マレーシア、フィリピン、パキスタン、アラブ首長国連邦（UAE）、オマーン、ベルギー、タイなど8カ国、31万人の生徒・児童が学び、英国式やマレーシア式のカリキュラムを教えています。

ここの東南アジア地域ディレクターのアリ・ラザ氏は、「（マレーシアの）公立学校の教え方は古い。いまだに教室に子どもたちを並べて、黒板に向かって教師が何か書いている。しかし今はもう、教師が教える時代じゃない。先生の役割はエンカレッジ（勇気づけ・励ますこと）することだ」と言います。ところがこれがマレーシアの親にはなかなか理解されないのだそうです。彼は言います。

「私たちの仕事は『親を教育すること』でもある。なぜかというと、親自身、自分が受けてきた教育が唯一のものだと思い込んでいるからだ！　でも彼らが見落としていることは、子どもたちは未来を生きるってことだよ。昔ながらの教育手法にこだわる親はマレーシアにも多い。一方で、試験の成績ばかり気にして『なんで体育なんてやらせるんですか。試験にないのに無駄じゃないですか』ってメールが来ることもある。大変だよ」

そのため従来型と21世紀型の折衷式ともいえる「折衷型インター」と呼ばれる学校が人気です。21世紀型の内容を教えつつ、宿題をたくさん出し、中国語やマレー語も教えます。なかには、数学だけを「シンガポール式」で教えたり、マレーシア式のプログラムとの両方を取るところもあります。

私は日本でも、最終的にはマレーシアの一部のインターのような「折衷型」が出てくるのではないかと睨《にら》んでいます。マレーシアで起きたことは、日本でも起きるのではないでしょうか。多分、教科書もノートもなくなりません。

ただし、日本からマレーシアに来て21世紀型を見た親は、「まるで『ゆとり教育』ではないか」とアレルギー反応を起こすタイプと、逆に「自分がこの教育を受けたかった」というタイプに分かれるようです。後者は「これこそが自分が仕事で必要としていることだ」と気づき、自分でも哲学や論理学を学び始めたりします。私もそのひとりで、子どもに影響され、オーストラリアの大学の哲学コースを聴講しています。

ただ、いわゆる教育熱心な親は、長時間勉強する姿が見えるためか、どうしても従来型に目が向きます。21世紀型の先生方は「子どもの自由時間を増やそうとすると、『宿題が少ない』『子どもが勉強してなくて心配だ』とクレームが来る。親の教育が最も必要だな」

とため息をつくわけです。

マレーシアでも、この二つの教育を行き来している親は少なくないのです。

子にも先生にも向き・不向きがある

子どもの側にも向き・不向きがあります。

マレーシアに来ている日本人親子を追跡して見ていくと、少なからず「日本に帰りたい」「日本の学校の方がよかった」「仲間との一体感がなくてつまらない」というお子さんが出てきます。もちろん、英語力の問題や、海外そのものが向かない方など、いろんなケースがあるものの、「21世紀型より従来型の方がいい」と言うお子さんも少なくありません。

21世紀型の学校ではプロジェクトベースで授業が進みます。そして「疑問を持って」「自分で探究してみよう」と言われます。すると受け身の姿勢で授業を受けている、授業中に発言しない子は授業に参加していないとみなされます。長男の成績表にも、「質問の数が少ないです。もっと授業に参加してください」とマイナスポイントとして挙げられていたことがあります。「どんどん質問すること」「授業に参加すること」が大事なのです。

小学生の頃から「英国のブレグジットについて賛成か反対か意見を述べよ」「歴史上で

最も人を救った人物は誰か」などについてクラスで討論しますから、自分の意見がないと、授業に参加していないとみなされます。もちろん、討論に参加するためには、自分で調べないといけません。

向く子には向きますが、向かない子には向かないのかな、と私は思います。

また、特に国際バカロレアには「何を次にやるべきか」の決まったカリキュラムがないため、授業内容は、先生の知識や経験に大きく左右されます。

文部科学省が行ったＩＢ教育推進コンソーシアムでも、「国際バカロレアは英語力が必要となるほか、社会人に対して求められる学びと近く、大人の教育法でやりますので、向き・不向きがあります」という現場の先生の意見がありました。

日本でＩＢ教育を実践する、市立札幌開成中等教育学校の相沢克明校長はこう語ります。

おとなしく、素直で、与えられた課題をしっかりとこなすというタイプのお子さんは、入学後に苦労してしまうかもしれません。

（大前研一ほか『世界への扉を開く〝考える人〟の育て方』）

ただ、引っ込み思案なタイプのお子さんが自分の意見を堂々と言えるようになったり、逆に「暗記はいやだ」と言っていた子どもが、「やっぱり日本の方が合っている」と戻っていくこともありますので、入れてみないとわかりません。一番大事なのは、子ども自身が納得していることではないでしょうか。

また、「21世紀型」「従来型」とは別に、台湾のオードリー・タンさんのように、「学校システムには合わないけど学ぶこと自体は好きである」人も存在します。学校から教育を押しつけられることを好まず、むしろ自分の中に学びのエンジンがあって、自走できるタイプの人たちです。

彼らの学び方は「学校が好きな人」の学び方とはかなり異なりますが、これは第4章で解説します。

コラム　「学校設立の自由」を認めるオランダ

先進的な教育で知られるオランダ。しかしそのオランダも１９６０年代前半までは、産業革命から続く工業化の流れで、教育制度は工場で働く人を想定していたそうです。先の元公立高等学校教諭の三島菜央さんに現地の様子をうかがいました。

「オランダもかつては同調圧力・協調性を過度に強いる風潮の中、公教育は社会の戦力を作るものと定義されていたそうです」

しかし、移民との軋轢《あつれき》が強まる中、２００４年にイスラムの女性軽視をテーマにした映画を作ったオランダ人が、移民に暗殺される事件が起きます。

「これをきっかけに『オランダはこのまま、ヘイトし合う国でいいのか？』という反省が生まれ、『個人主義だけど他者を傷つけない』多様化を尊重する考え方が社会に馴染み始めました」

この反省から生まれたのが、「シチズンシップ教育」です。私も市民、あなたも市民。バックグラウンドは違う人でもそれぞれに認められた権利があり、相手を尊重する責任を持ち、共存しようという考え方です。これが後押しになって、さまざまな姿勢の「個人化された学校」を作ろうという気運が高まりました。

オランダの教育でユニークなのは、「学校を設立する自由が認められていること」です。オランダでは憲法23条で「教育の三つの自由」が認められています。

1 設立の自由　ある一定の生徒を集められれば、自分たちで学校を作ってもよい
2 理念の自由　宗教色を出しても、ほかのことで特徴を出してもよい
3 教育方法の自由　教育内容、教材の裁量権などが自由

もちろん、これだけで学校が設立できるわけではありませんが、「オランダにはさまざまな種類の学校がある」ということがわかります。

ベーシックなカリキュラムのほか、モンテッソーリ、シュタイナー、イエナプラン、ギフテッドなど、さまざまな教育手法があります。

三島さんは、この「教育の多様性」はそのまま「オランダの多様性」につながっている

のではないか、と言います。

人気のないインターナショナル・スクール

このほかに、インターナショナル・スクール（インター）が存在しますが、ローカルのオランダ人が通う割合は、まだまだ現地校の方が高いです。

インターに関していえば、国際バカロレア方式の学校も多いです。宿題なども多く厳しく、学費もかかる。多くのオランダ人は、「ゆったりとした子ども時代」を望んでいるため、課題が多く大変なインターを「わざわざ」選択する家庭は少ないようです。

「子どもには子どものうちにしかできないことを」という考えが比較的幅広い家庭の根底にあり、宿題も部活もほとんどありません。教育活動の中では、比較的、個人のレベルに適した教育を行うため、みんなが達成するべきレベルは低く設定してある印象です。「インターでもゆるい」と言われるアジアの教育と大きく違うのではないでしょうか。

ホームスクールは原則禁止で、「子どもを学校に在籍させる義務」が強く働いています。また、一般的なカリキュラムの学校では、オランダの「教育方法の自由」をもとに教育内容が構成され、モンテッソーリやイエナプランなど、いいところどりをして、子どもがやりたいことができる環境を作っている学校も多く存在しています。

ただし、最低限守らなければならない学習内容は決まっています。その一つとして挙げられるのが、公用語としてのオランダ語です。言語としての英語はほとんどの学校で教えられるものの、その授業が開始される学年はバラバラだそうです。

また、学区制のないオランダでは、学校が子どもに合わなかった場合、転校は当たり前で、人気のある学校にはウェイティングリストが存在するそうです。

さらに、オランダの小学校卒業時にはマレーシアと同様に、ＣＩＴＯテストと呼ばれる統一テストがあり、その点数によって進路が決まります。オランダ社会においていわゆる〝university〟と名のつく「大学」には15～25パーセントの生徒しか進学しないといわれています。

ただし、大学教育からこぼれた子が劣等感を感じることがないよう、配慮はされています。オランダの子どもたちは点数主義で育っておらず、ＰＩＳＡなどのランキングも、そもそも気にしている人が少ないとか。それはある意味、多様な人たちが、その適性に合わせた仕事をしているからだといえるかもしれません。

何より日本ともマレーシアやシンガポールとも大きく違うのは、ヨーロッパの人たちの人生観かもしれません。あくまで自分の人生が軸で、「働くために生きたくない」と思っている人たちがたくさんいます。

がむしゃらな働き方を好む人は多くない印象です。日本では「家庭を犠牲にして仕事をすること」を幸せと考える人もいますが、オランダでは、むしろ「余白があること」「やりたいことがあること」を幸せと感じる人が多いです。陸地でスペインなど南欧とつながっていますし、国際結婚の家庭も多く、「働きたくない」「楽しいことが大事」という考え方をする人もたくさんいます。また、家族で過ごす時間を重要視する傾向にあり、比較的多くの家庭で「家族の対話」も大切にされています。

オランダの教育では、「まずは先生自身が幸せに働いているか?」という問いがあるそうですが、ある意味、マレーシアよりもさらに「多様性」がある教育だといえそうです。

第3章　「四つのC」を現場ではどう教えているのか

世界の教育には大きく分けて21世紀型、従来型、そしてその折衷型があることをお話ししました。ここからはインターナショナル・スクール（インター）の21世紀型教育の実際を紹介します。

この章では「四つのC」、つまり「communication（コミュニケーション）」「collaboration（協働）」「creativity（創造性）」「critical thinking（批判的思考）」をどう教えるのか、見ていくことにしましょう。

1　コミュニケーション

マレーシアでインターの授業を見ていて驚くのは、「自分の意見を言いなさい」と励まされるシーンが多いことです。そして、常にコミュニケーションを大事にしていることに気づきます。

「あなたはどう思いますか」「なぜそうなったと思いますか」と聞かれるのは当たり前で、

なかには、「宿題をやりたくない」と言った生徒が、「なぜやりたくないのか、きちんと言語化して説得するように」と促され、「ではあなたは宿題をやらなくてよろしい」と言われたこともあります。

前述のように静かに授業を聞いているだけでは評価されないこともあります。

英国式や米国式には「スピーチ＆ドラマ」などの授業があり、「伝え方」を小さい頃から徹底的に訓練するのです。

宿題も、「何かを表現してくる」ものが多いです。小学校の頃からポスターを作ったり、パワーポイントを使ってプレゼンテーションをしたりするのは当たり前。商品を渡されて、その商品のための「ラジオ広告を作る」課題や、Podcastを録音してくる課題、YouTube動画を作る課題もありました。

コミュニケーションとは、日本で俗にいう「コミュ力」(仲間内で円滑にコミュニケーションを取れる)や「論破」のための雄弁さとは少し異なるようです。「自分の意見を(どんな相手に対しても)言語化でき、きちんと伝えられる能力」「ほかの集団に対しても(差別なく)心を開ける能力」に近いと感じます。どれだけ自分のことを相手に伝えられるか、が大事だというのです。

国際バカロレアでは「コミュニケーションができる人」を、以下のように定義しています。

私たちは、複数の言語やさまざまな方法を用いて、自信をもって創造的に自分自身を表現します。他の人々や他の集団のものの見方に注意深く耳を傾け、効果的に協力し合います。

（「国際バカロレア（IB）の教育とは？」）

オランダの先生たちが大事にしているのは「言語化能力」「表現力」

コミュニケーションについての考え方はオランダでも同様のようです。

先の三島さんはこう言います。「オランダの先生に、教育の中で大切にしていることはなんですか？と聞くと、『思っていること、感じていることをきちんと相手に伝わるように言葉に出す能力』と言われることが多いです。0歳から、何をするにしても『どうしたいの？　どういうふうにして欲しいの？』と常に聞き、表現を促します」

2002年より海外移住し、北京《ペキン》、香港、マカオ、マレーシアからオランダに移って子育てを続けている、実業家の藤村正憲さんも、オランダの小学校を視察したときのことをこのようにFacebookに書いていました。


教育に一番大切なものは？と校長先生や先生方に個別でお聞きしました。

すると全員の答えが同じでした。

なんだと思いますか？

一番大切なものは、自分の考えを正しく伝える言語能力、表現能力であるとのことでした。

自分の考えを正しく伝える能力さえあれば、どんな国でもどんな環境でも不利益なく生きていけるからです。

たしかに日々の生活でも表現がうまくないために誤解が生じたり予期せぬ方向に物事が進んでしまうことがあります。不用意な一言で全てを失うこともあります。


従来型では、先生が生徒たちに知識を伝授する方式を取りました。しかし、21世紀型では、生徒たちが自分たちでテーマを決め、まとめ、発表し、ディスカッションする形で知識を深めていくことが多いのです。

「教えない先生が良い先生」になる

21世紀型教育では、「教えない先生が良い先生」といわれます。自分の考えを正しく伝えるためには、教師が教え過ぎないことが重要だというわけです。

マレーシアのインターを見ていても、先生が答えを出さない、あえて結論を出さない授業がたくさんあります。

大前研一さんは、1994年にデンマークに視察に行ったときのことをこう書いています。

> デンマークでは当時すでに、学校から「ティーチャー」という言葉を追放しようという運動が起こっていました。つまり、答えを「教える」のではなく、答えを「見つける」力の養成にシフトし始めていたのです。
>
> なぜティーチャーという言葉がダメなのかというと、「物事には基本的に答えがあり、それを教える」という前提を感じさせるからです。
>
> （『変革』）

そのため、先生はむしろ、生徒が意見を言うのを阻害しないよう、生徒と一緒に答えを見つける人になるのです。

合格率2パーセントといわれ、注目されている米国のミネルバ大学では、すべての授業が対話形式で行われ、さらには「教師が教える時間そのもの」を制限しています。

> すべての授業は教員を含め20人以下のセミナー形式で行われる。基礎科目や講義形式の授業は存在しない。授業には事前課題を提出した学生のみが参加でき、学生同士のディスカッションを中心に授業を進行させるため、90分間のうち、教員が話せる時間は合計10分と定められている。（山本秀樹「教師が話せる時間は10分だけ？　ミネルバ大学が見つけた『最も効率よく学習できる方法』とは何か」）

この大学では、教員が話し過ぎると注意されてしまうというわけです。この傾向は多くのインターに見られます。

教師の「感情コントロール」が重要なわけ

生徒の自由な表現を引き出すためには、教師の感情のマネジメントも重要です。マレーシアのあるホームスクールでは、教師採用に最も重要なファクターが「怒りのコントロールができること」でした。感情を剝《む》き出さずに、伝えることが重要なのです。

先の藤村さんはオランダでは、「先生が頭ごなしに怒らない」と書いていますが、これは表現力を育てるのに重要だからです。

> 国語でも算数でも体育でも全ての授業で言語能力、表現能力を大切にしています。
> だから、先生は丁寧に説明するし、生徒が発言しやすい環境を作るし、生徒も安心して表現できます。学校や先生への批判も丁寧に対応します。
> 正しい言語能力、表現能力を手に入れるための訓練だからです。
> 頭ごなしに怒るようなことをしませんし、同時に子どもたちに感情のコントロールの大切さも伝えています。

そこでは「先生の言うことが正しい」という態度では、意見を引き出すことができません。先生が「ファシリテーター」「コーチ」として、子どもに高圧的な態度を取らないのには、こういう事情があると思います。藤村さんはマレーシアで事業家として活躍していましたが、日本についてこう言っています。

日本でこれが難しいのは、意見を言ってもよい文脈、というものを読まなくてはならないからです。いわゆる「空気を読む」必要があります。特に「上下関係」のある場所では難しくなります。「上の人のいっていることが正しい」「先生はエライ」と言う空気がある場所では、自分の意見をいうことはできません。そのうち「上司がいる」「先生がいる」「エライ人がいる」だけで、自分の意見を表明するのをためらうようになります。すると自分の意見を表明する訓練がまったくできなくなります。それでは言語能力や表現能力は育ちません。

このように、子どもたちが意見を言いやすい環境を作るのが先生の仕事だというわけです。これも、マレーシアの21世紀型教育の現場の先生方がよくお話しされることと共通しています。

藤村さんのオランダ視察でも、先生が「表現力」のコツを教えていました。

そして最後に子どもたちが心を開いて表現してくれるためのコツを教えてくれました。

それは等身大の先生の姿を見せることです。

先生も間違えることもあります。

それを隠すのではなく間違いを認め、人は間違えるのだと伝えることだそうです。

そして、間違いから何を学ぶかを伝えることで、子どもたちは失敗を恐れず表現できるようになるとのことでした。

つまり、表現能力を育てるためには、「間違ったことを言ってもバカにされない」「何を言っても怒られない」いわゆる心理的安全性が大事だということです。

マレーシアでも、21世紀型の教育に関わる先生方は、「先生が間違っていた」と認めることがありますし、なかには「もう僕が教えられることはない。子どもたちから学ぶことばかりだ」と言う方もいます。討論を聞いていると、誰かの意見が頭ごなしに否定されることは少ないそうです。先生に、「子どもから学ぶ」姿勢があるのです。

どうやら先生の「あり方」が違います。これは親にも言えることで、家庭で親が子どもの間違いや失敗を叱り続けていると、意見を言いにくくなるのです。

元高校の先生だった三島さんは、「日本の学校には、まだまだ対話が少ないように思います。膝を突き合わせて話し合えば、シャイな子や話すのが上手な子など、いろいろいて、もちろん全員に自分の意見や考えを話すことを強制はしないけれど、自分の正直な気持ちを大事にすることは重要です。教育の中で、自分の想《おも》いや意見を言葉に出す練習をすることで自分が自由であるように、他人も自由であることを認められる場所が学校であって欲しいと思います」と言っています。彼女自身、オランダに来て、「とてつもなくびっくりした。あ、私のやってきた教育は間違いだった。こんな世界があることも知らずに、日本の中で教育していた」と言います。

2 コラボレーション（協働）

次に重要なのが協働です。21世紀型教育と従来型教育の違いは、「競争から協働へ」のパラダイムシフトに対応していることではないでしょうか。

学費が高くなるほど、学問以外のことを教える

マレーシアのインターでは、21世紀型に近くなるほどに、グループワークが増えます。宿題の多くが4、5人のグループでの共同作業で、学校教育の重点が「競争」から「協働」に向かっているのです。

面白いのは、学費が安い公立校や「折衷型」インターの方がテストの点数を上げることに熱心で、学費が高いほど、21世紀型に近くなり、アカデミックな学問以外のスポーツや芸術、情操教育に熱心になることです。

日本の文科省も導入を推進している国際バカロレア。その理想的な学習者の「10の目標」には「思いやりのある人」が入っています。

ですから、他人より勉強や運動が得意なだけではダメで、ほかのメンバーに対してリーダーシップを発揮したり、教えたり助けたりという行動が求められます。グループにどう貢献したかや、ほかのメンバーをどれだけ助けたかが、評価基準になってくるのです。

このシステムだと、「自分だけが得をする」「自分だけ高得点を取りたい」タイプの人は

成績は上がりません。個性が育ってくると、「協力」することで仕事がうまくいきます。それぞれができないことを互いに補うのです。

「個性」が増えると協働は必須になる

複数のマレーシアの「コワーキングスペース」を取材したら、力を入れているポイントが「会員同士のコミュニケーションの機会」だと教えてくれました。どのオフィスでもチャットグループやパーティーなどの「横のつながり」を大事にしているそうです。こうすることで、小さなスタートアップの人は、自分に「足りない」ものを補い合います。その仕組みをどう作るかがコワーキングスペースの腕の見せどころだというのです。

これは、お互いが「違う」からこそ成立します。全員が同じタイプだと、集団から抜きん出るために「勝たなければ」となりますが、個性が強い人ばかりだと「協力しなければ」になります。評価軸が一つしかないと、過酷な競争になってしまいます。

子どもたちの個性が強いと、分業しないと作業が難しくなります。

学校によっては、宿題の多くがグループ作業です。分業してプレゼンテーションを制作したり、何人かでビデオを作ったりする課題があります。対面またはオンライン上のコミユニティ（ディスコードなど）で協力して課題を仕上げるのです。

デザインが苦手な人、しゃべるのがあまり得意でない人、動画編集が苦手な人は、それぞれを得意な仲間に任せることがあります。

プログラミング教室でも協働は日常茶飯事で、同じPythonでもミスを見つけるのが得意な人、プログラミングがうまい人、客先との交渉が得意な人、それぞれ分業するのです。

こうしているうちに、ほかの人が入ってくると、「この仲間はどんな能力を持った人なんだろう」と興味が出るのだそうです。ただし、この協働は決して「一致団結して同じことをしなさい」ではなく、「お互いの能力を補い合う」ことで結束するのです。

「無意識バイアス」理解の重要性

また、この協働には「違ったバックグラウンドを持つ人との協力」が含まれます。

ここでもう一つ大事なのは、「相手が誰であれ、不快感を与えずにコミュニケーションを取り、協力できるか」です。

グローバルな社会では、年齢・性別・国籍がさまざまな人と協力します。「自国の、同性、同じ年齢の人とだけ仲良くできる」のではなく、「グローバルなコミュニケーション」のトレーニングもします。

英国のケンブリッジ式には「グローバル・パースペクティブ」という授業があります。「国際的な視野」を広げるための訓練で、「ほかの国の人と働くには」「学ぶ権利」「リサイクル」「貧富の差」などについて学びます。その中で「無意識バイアス」を知るトレーニングを小学校からしています。

例えば、マレーシアのある学校では、子どもたちは「白い天使と黒い天使がいます。どちらが悪いと思いますか」などについて議論をし、自分たちが気づかずに持っている偏見（無意識バイアス）に気づくトレーニングを受け、「なぜ偏見や差別が生まれるのか」を学びます。学習障害を持つ子が主役のインド映画を鑑賞したり、障害のある子へのいじめをテーマにした小説『ワンダー』を副読本としたこともありました。先生は、「国際社会では、他人の容姿や、肌の色について語ってはいけません」と言っていました。

ここでは、自国や宗教の価値観とは別に、グローバル・スタンダードを学びます。マレーシアはイスラムの国ですが、国内で通用する価値観は、国外に行くと通用しないことがあります。

日本では誤解されがちですが、なぜ多様性を重んじるかといえば、別に道徳的に「みんな仲良く」が目的なのではなく、「そうしないとビジネスの競争に勝てないから」「世界との人材獲得競争に勝てないから」なのです。

「無意識バイアス」は日本でも同様にビジネスで学ぶべきこととして広がっています。メルカリは2020年はじめより、独自の「無意識バイアスワークショップ」を全マネージャーに対して受講必須としています。エンジニアの半数が外国人になったことがきっかけだったそうです。

メルカリではいま、東京オフィスで働くエンジニアの約半数を外国人が占める。インドからの大量採用をきっかけに、外国籍社員の採用に弾みがついた。海外の新卒の受け入れ体制や、エンジニアの評価制度などを再設計し、国籍を問わず多様な人材が働きやすい組織へと変えていったという。（中略）

人事担当の田井美可子さん（32）は、「国内だけではエンジニアの採用は質も量も限界がある。ＩＩＴ人材の採用がグローバル化の一つの転換点になった」と話す。

（「朝日新聞 GLOBE+」2021年7月9日）

日本にいると、クラス全員が日本人ということも多く、この無意識バイアスに気づきにくいかもしれません。同時にインターでは「世界の諸問題を考える」ため、「日本を元気に」など自国のみを考えるスローガンは、視野が狭く見えてしまいます。

SNSに書いていいこと・書いてはいけないことを学ぶ

なぜ小学生のうちからこんなことを学ぶのかと思われる方もいるかもしれません。メルカリの人が言うとおり、国際人材競争の問題もありますが、何よりもグローバルな社会では、それがときにダイレクトに進学や仕事に影響するからです。

例えば、eスポーツの世界です。「プロスタ」というゲームで世界一になった経験を持つプロゲーマーの小暮陽さんは、2020年の1月に、フランスのサッカーチーム「パリ・サン＝ジェルマン」とスポンサー契約し、同年の世界大会で、19歳のときに予選から5連続で勝ち抜き優勝。チームは賞金約2000万円を獲得しました。

彼は小学6年生からマレーシアで育つ日本人ですが、取材すると、プロチーム代表になるには、実は「ゲームが強いだけ」ではダメだと言います。

「まず『SNSが綺麗《きれい》なこと』が重要です。失礼な発言、差別発言、汚い言葉はブランドのイメージダウンになり、まわりのプレイヤーからも距離をおかれます」

「友達とのノリで伏せ字でリプライしたりするのは絶対NGです。差別発言もNGです。性別、宗教、政治の話題は避け、常に相手を尊重すること。とはいえ、無理に人格を作ってるわけじゃなくて、ダメなところを削《そ》ぎ落としてるだけです」

「多様な文化の国で育ったことが、宗教や人種の理解に役立っています。Twitterとかでネタにしたらダメなことは、常識として備わりました」

と言います。

「SNSでの悪ふざけは問題となるのか」は米国の大学入試でもときに話題となります。冷泉彰彦さんも、こう指摘します。

この点で特に気をつけなくてはならないのは、暴力と人種差別の問題です。SNSへの書き込みに、明らかに暴力的なものが感じられるとか、人種差別、つまりいわゆる「ヘイトメッセージ」のようなものが見いだされる場合は、基本的に大学は相当に警戒するようです。

特に「ヘイトメッセージ」に関しては、2010年以降に東海岸では「同性愛者へのネットいじめ」の問題が、また中部では「ユダヤ人差別」の問題が大きなスキャンダルになっており、大学は極めて過敏になっているという現状があります。

（冷泉彰彦、前掲）

大学進学すら制限されてしまうのなら、学校で教えるのは理にかなっているといえるのではないでしょうか。

また日本ではクラス単位で人間関係が区切られることが多く、年齢が異なる人と協力するシーンがあまりありません。

実際、長男の通った日本の小学校では、すでに「先輩」「後輩」があり、協力するというよりは、上下関係が強くなっていました。こうして「同学年」「同じ立場」の人との協力ばかりを学ぶため、会社に入ってからも「同期」の絆《きずな》が重要になるのかもしれません。

マレーシアの場合、国そのものが多民族で構成されているため、多文化を学ぶ授業は多くの学校で行われています。中学生と小学生が一緒にサッカーをやっているのを見かけたことがあります。上下関係はなく、小学校低学年の子がゴールキーパーをやって遊んでいました。学年が違う子で「親友」になるパターンも多く見られます。

多種多様な人と出会い学ぶことで、ネットに書いていいこと、いけないことの区別がつき、将来的にビジネスがスムーズにできるようになります。

3　クリエイティビティ（創造性）

インターにはクリエイティビティを発揮させる宿題が多いです。小学校の頃から、Podcastの番組を作ったり、プレゼンテーションをしたり、動画を作ってくるように言われるのです。

「この話の続きを考えて書きなさい」「売れるジュースを作ってバザーで販売せよ」「ビジネスプランを考えよ」というミッションもありました。

英国式の中学校の音楽の卒業試験で驚いたのが、ペーパーテスト、実技、聴音、作曲があり、全員が作曲しなくてはならないことです。

ジャンルは、クラシック音楽だけではなくて、ジャズやポップス、ロックなどでもよく、多くの生徒はアップルのアプリGarageBandなどで制作して提出します。自分でボーカルを入れる場合は、歌詞も考えねばなりません。曲の特徴などについてのエッセイも書かないとならないそうです。YouTubeを見ると、実際にテストで作られた曲がアップされています。

クリエイティビティが教えられるものかどうかには議論がありますが、ここにも「意見を言いやすい環境」が影響します。Googleが、クリエイティビティに重要なのは「心理的安全性」と発表し話題になりました。メンバーが安心して思ったことを言える環境でないと、自由な発想は生まれないというのです。

「発明」の実際を学ぶ16歳

英国式の中学校の「デザイン・テクノロジー」という試験の例を見てみます。デザイン・テクノロジーとは、「テクノロジー世界に参加するための準備クラス」だそうで、モノづくりの際の環境や文化、数学、科学、設計、材料などを学びます。

シラバス（課程）によるとこんな感じです。

生徒は、歴史的、社会的、文化的、環境的、経済的要因がデザインにどう影響するかを学びます。

試験は実技と、ペーパーの2種類で、それぞれ50パーセント。技術・専門知識を得て、設計し、創造的に働く「体験」をするのです。幅広い設計プロセス、材料技術、設備など、技術、設計、製造の原則を学びます。実際に、この試験を受けている日本人Hさんにインタビューしてみました。

1 発明品を作成する
試験の半分を占めるのがNEA（ノン・エグザム・アセスメント）と呼ばれる実技です。お題（例「安全性と機能性」）が与えられ、それに沿った今までにない新しいモノを生徒が自分の手で作り出します。

2 デザインをする
まずはデザインを決めます。
エルゴノミクス（人間工学）の基礎を学び、利用者のターゲットを細かく決め、その年代の人が使いやすいようにします。

このデザインは実際に試作をし、誰かに使ってもらいます。彼はダンボールと3Dプリンターで試作品を作り、友人に実地テストしてもらっていました。試作を繰り返し（4回以上、試作を改善しなくてはなりません）、そのたびに製品をテストし、最終形にします。

「実際に友達の試作品を使ってみると、使いにくいことが多いです」とHさん。

また、使用時の物理的な力を計算します。レバーを回すタイプの調理器具などは、力がどこにいつ加わるか、物理を使って説明しなくてはなりません。椅子だったら座っているときに上からかかっている力、後ろにかかる力などです。

色も重要です。どうしてその色になったのか、言葉で相手が納得できるように説明します。これは市場をどこにするかで大きく変わります。

彼は「緑はインドネシアでは受け入れられにくい」と言います。「また、赤地に白十字のマークはスイスでは違法になってしまいますので使えません。そういう文化的な背景も含めてデザインを決めます」とのこと。

日本の製品をマレーシアにそのまま持ってきても文化的背景の違いでうまくいかないことが多いのですが、その点をはじめから睨んだ製品づくりをするわけです。

3　素材を選ぶ

素材も自分で決めます。

この科目では、製造工程に使われる主な素材をひと通り勉強します。金属、プラスチック、木材、ガラス、紙など、それぞれの素材の分類から、製造方法や廃棄方法、利点・欠点を学ぶのです。ポリマーには数種類あり、マークや素材の再利用方法、温度や湿度に対する強さや強度、安全性について知るのです。

Hさんは、「マレーシアのお菓子に使われる容器のポリマーは、ほとんど〈PET〉という、最も安く入手できるポリマーです」と教えてくれました。彼によれば、PETマークは7種類あるそうです。この試験には、科学（物理や化学）、数学も関わってきます。実際の素材を選ぶ際には、なぜその素材にしたのかを細かく説明しなくてはなりません。木を使い過ぎると可燃性が高くなる。水回りで使うのならどの素材がいいか、コーティングはどうするかなども考えます。また、最終仕上げも考えます。例えば、船を作るのなら、下の方はペイントで酸化を防ぐとか、利用シーンによって素材が変わります。

サステナビリティも評価対象で、素材が finite（再利用できない）、non finite（再利用できる）かも重要です。どうやってリサイクルさせるか、処分の方法も考えます。

4　製造工程を決める

製造工程も決めます。

1枚のボードから10センチ角の木片をレーザーカッターで切る場合、どれだけの無駄が出るかも計算します。レーザーカッターが触れた部分は黒くなってしまうので、1枚の長さを10・2センチにするなどの工夫が必要です。製造工程はハンドメイドか機械か、工場か。コストも電気代を含めて細かく出します。電気料金は、実際にマレーシアの電気会社の料金から計算するそうです。

Hさんはハンドメイドにしましたが、Hさんの友達はペナンの工場まで行って調べてきたそうです（これを「プライマリーリサーチ」といい、ネットでの調査を「セカンダリーリサーチ」というそうです）。

製造工程の方法・ツールも勉強します。

ペーパーはレーザーカッターには適していないとか、木材をどう保管するかなども学びます。さらには、作業工程でどれくらい二酸化炭素が出るのか、煙がオゾン層を破壊しないか、工場の人に害がないかも言及します。

5　資金はどうするか

さらに、実際の資金の集め方（クラウドファンディングやヴァーチャル・マーケティングなど）についても、この課程では学びます。

こんな感じで1科目の実技試験が行われるのですが、このようなボリューム感の試験が数科目あるので、生徒はなかなか大変そうです。

4　クリティカルシンキング（批判的思考）

クリティカルシンキングという言葉は、日本でもよく聞かれるようになりました。「何かを批判する」イメージがあるかもしれませんが、そうではありません。

文部科学省は「多様な観点から考察する能力」と定義しています。要は、ある物事について「本当にそうかな？」「なぜだろうか？」とさまざまな角度から検証・比較・分析し、考えを深める方法論のことです。「正解」に飛びつきたくなったときに、一瞬、判断を保留するクセをつけることでもあります。

実際、言葉や文章には、記者や発信者のバイアスがありますから、情報を「どう受け取るか」「どう読み解くか」は重要です。これを意識することで、決断するとき、情報の判別において騙《だま》されたり、感情に流されたりするリスクが減ります。逆に、他人を動かすテクニックとしても使えます。

また、クリティカルシンキングを身につけると、無駄な衝突や葛藤など、ネガティブな感情に対処でき、精神の安定にもつながります。

ではマレーシアの学校では、どのようにクリティカルシンキングを訓練しているのでしょうか。国際バカロレアの「ディプロマ・プログラム」の例を見てみましょう。

IBDPの生徒たちはどうやって信頼できる情報について学ぶのか

ある学校の「言語」の授業では、「ニュースの価値」というテーマで、バイアスや誤謬《ごびゅう》、テクニックを学び、「ニューヨーク・タイムズ」などの実際の記事を分析していきます。記事を分析するステップは以下でした。

1　目的は何か

まずは「誰がどういう目的で書いているか」「どういうスタイルか？」に注目します。書籍なのか、ブログの文章なのか、論文なのか、記事なのか、それとも企業の広報なのか。論文ならば「知名度のある学会か？」「引用がいくつあるか？」をチェックします。

2　ソースが何か

次に重要なのがソース（発信者）です。発信時間・発信場所はどこか。著者は発信するに足る知識や専門性を本当に持っているか。その情報を発信する動機は何か。

そしてこのソースが使っている技術を分析します。アンケートならどういう手法で集めたのか、誰に取材をしたのか、などです。

3　メディアはどういう立ち位置か

記事を執筆したり、調査するための資金をどこが出しているかは重要です。つまり、その報道によって利益を得たり損害を被ったりするステークホルダーを分析します。高校生たちは、欧米メディアの「バイアスチャート」（メディアのバイアスを第三者が評価したもので、多数ある）を利用して、メディアの立ち位置を探っていきます。

4　バイアスを生んでいないか

次に、バイアスを生み出すさまざまな手法を学び、記事がその手法を使っていないかをチェックします。特に重要なのは「感情の揺れ」を意図する表現です。

アリストテレスは説得の3要素として「エトス（信頼）」「ロゴス（論理）」「パトス（感情）」――を挙げました。

そのどれもバイアスを生む可能性があるのです。注意するバイアスにはさらに以下のものがあるそうです。

擬人化　personification

「地球は友達」「森が泣いている」みたいなスローガンが代表的です。無生物の擬人化は「感情的虚偽」と呼ばれる比喩で、擬人化することで、受け手のエンパシー・シンパシーを呼び起こすテクニックです。

曖昧な言葉　vague language

実際に何を意味するかわからない言葉です。多用すると、論理的な破綻から逃げることができるので注意が必要です。「great（素晴らしい）」「stunning（驚くべき）」「considerable number of scientist agreed（かなりの数の科学者が賛成している）」など、あえて数字や直接的な表現を避けていたら注意します。

感情的な言葉　emotive language

感情を呼び起こすような言葉です。このリストには、

・Awful（恐ろしい）
・Magnificent（荘厳な）
・Careless（不注意な）
・Superb（素晴らしい）
・Horrible（ひどい）

のような形容詞や副詞があります。これらの言葉はライターの主観的な感情を示してい

る場合もありますが、ときに読者の判断を「どちらかに」誘導する可能性があります。故意にせよそうでないにせよ、自覚して読む必要があります。授業では、タブロイド紙や政治家の演説にあるこれらの表現を探し出す訓練をしていました。

ユーフェミズム（婉曲《えんきょく》表現）**euphemism**

「過激な表現をあえてマイルドにする」手法です。例えば、「bombing（爆撃）」を「air campaign（空のキャンペーン）」と言い換えたり、「torture（拷問）」を「enhanced interrogation（拡張された尋問）」と言ったりします。日本語ですと、不倫を「不適切な関係」、避妊を「家族計画」と言い換えるようなものです。こうした婉曲表現が多く使われている場合、コントロールが働いているかもしれないと疑います。

センサーシップ　censorship

本来見えるものを見せないこと。存在する情報の一部を隠すことで読者をコントロールする手法です。

実際の高校の授業では、さまざまな国家における検閲の是非や、ヒトラーの『わが闘争』の発禁処分が是か否かを高校生たちに議論させていました。また、マレーシアのイスラムならではの検閲や「ポルノや暴力の映像を子どもに見せるのはありかなしか」「検閲とは結局何なのか」など、答えのない議論をしていました（IBでは先生は答えを出しません）。

このほかにもたくさんあります。高校生たちは、欧米の一流新聞などの記事をエクセルに入れて、一件ずつ分析し、その結果を議論していました。

広告はどうやって大衆を煽動《せんどう》するのかを分析する練習

同じく、国際バカロレアの高校生の「言語」の授業では、ニュースとは別に広告系のメディアを題材としてどう読むかを学びます。

まずは五つ（風刺漫画、広告、スピーチ、プロパガンダ、公共広告）を題材とし、「ビッグ5」と呼ばれるカテゴリごとに分析します。

1　オーディエンスと目的（Audience and Purpose）　誰が何の目的で書いたか。時代背景など。

2　コンテンツとテーマ（Content and Theme）　何についてのメディアか。何を言おうとしているか。どんな感情を呼び起こすかなど。

3　トーンとムード（Tone and Mood）　どんなトーンを使っているか。どのような感情を引き出そうとしているか。

4　文体テクニック（Stylistic Devices）　どのようなテクニックを使っているか（エトス・ロゴス・パトスのどれを使っているかなど）。

5　構成／レイアウト（Structure / Layout）　どのような種類のテクニックを使っているか。文の長さは？　構成やレイアウトはどうか？

例えば、「広告」では、まずは広告の歴史を学びます。フロイトの心理学確立以降、広告が多くの心理学のテクニックを使うようになりました。フロイトの甥《おい》エドワード・ルイス・バーネイズは「広報の父」として知られ、同時にプロパガンダの専門家です。彼は、フロイトの精神分析学や、群集心理学を用いて、大衆煽動のテクニックを広告に持ち込んだといわれています。

授業では、第一次世界大戦中の「パパは世界大戦で何をしたの？」という英国の大規模な徴兵キャンペーンをもとに、使われているテクニックを取り上げ、それがどういう心理的効果を与えているか、を議論していました。

あえてカジュアルな「パパ」という単語を使ったのはなぜか。偉大な、立派な（Great）とつけた「Great war」という言葉をあえて選んだのはなぜか。なぜ説明口調ではなくセリフにしたのか、ポスターのイラストに見られる「困ったように見える顔」の父親、女の子が戦争の本を読み、男の子がおもちゃの兵隊で遊んでいる――それが与える効果などを分析し、「父親が戦争に行かないことは恥ずかしい行為である」ということが意図されているのではと分析していました。

ほかにも、ナイキの広告や、北朝鮮などのプロパガンダ、各国のコロナウイルスに対するキャンペーン広告、風刺漫画など、さまざまな表現を生徒たちが取り上げ、「使っている心理学テクニック」についてオーディエンス、目的、テーマ、トーン、言語、スタイル、ストラクチャーの七つを中心に、分析する訓練をします。

授業では「体型に関する広告を見続けた結果、自分の体型に自信が持てなくなってしまったティーンエージャーたち」を紹介したＴＥＤ動画を全員で視聴し、問題点を議論していました。最近ではモデルたちが異様にフォトショップで加工されるようになり、拍車がかかったことを紹介している動画も授業で使われていました。
広告に自覚的になることで、自分を取り巻く世界のカラクリに気づくのです。

科学的リテラシーを高めるための高校のトレーニング

「TOK」は、「theory of knowledge」の略で、日本では「知の理論」とも訳される、哲学の認識学に近い学問です。TOKは具体的な知識について学習するのではなく、「知る」プロセスを探求します。目的は、生徒が自分なりのものの見方や、他人との違いを自覚できることです。高校1年生に実際に出た「科学的リテラシーを鍛えるための課題」の内容はこんな感じです。

題材はドキュメンタリー映画「The Game Changers」。ハーバード大学の教授や、アスリート、有名俳優（アーノルド・シュワルツェネッガー）などが出てきて、菜食の利点を紹介するものです。

「これを見て、渡された質問のリストの答えを書いてくる」宿題です。質問数は10問以上あるのですが、以下は一部です。

「映画の中で専門家の意見はどのような役割を果たしていますか？　どのタイプの専門家が最も多く語っていますか？　彼らは映画の信頼性を高めていますか？　それとも低めていますか？」

「映画の資金調達方法を調査してください。その資金調達にはどのようなバイアスがありますか？　どう問題になるでしょうか？　修正するために何ができるでしょうか？」

「この映画は、栄養学に関する誤った情報宣伝を批判しています。しかし、この映画自体の巧妙なマーケティング・広告はどの程度あるでしょうか？　健康についての宣伝ならば、このままで問題ないと考えますか？」

「論理的『誤謬』を研究してください。2、3の誤謬の例を取り上げ、それらが何であるかを説明し、映画に登場する例を説明してください。クラスで共有しますので、適切な説明と例の検索を必ず行ってください」

翌日、この宿題をもとに、高校生たちが1時間半議論します。授業ではこんな意見が出たそうです。

・行われている実験では被験者の条件が揃《そろ》っていない。誤謬では？

・ナレーターのしゃべり方が、感情に訴える印象を受ける。
・「偏った母集団」による検討や「早まった一般化」がされているのでは（これらは心理学理論に基づいた、人の持つ「認知バイアス」）。
・反対意見がなく、都合の良いデータだけ取り上げているように感じた。
・資金源が健康食品の会社なので、先に結論があるのではないか？

クラスではこの後、疑似科学やワクチン問題などについても議論したそうです。こうして、「情報から何を取得して、何を信じないか」を訓練します。

この授業での議論は「理解を深め、視野を広げるためにするもの」で、いわゆる「論破」はしません。最初に「自分を徹底的に疑う」「世の中の正しいとされる情報を疑う」ところからスタートしているため、議論で揉《も》めたり、「どっちが正しい」と正論を競い合ったりすることはないようです。ですから、結論を出さないことがほとんどです。つまり、答えがないまま毎回授業が終わります。これは慣れていない人が見ると、結局正解は何なの？とモヤモヤするかもしれません。

先生の目的は、「生徒の意見を引き出すこと」「視点を増やすこと」「お互いの理解を深めること」なので、どの生徒の意見も否定しませんし、むしろ、自分の意見を否定されることを「待っているように」も見えるそうです。生徒に見本を見せるとか、教えるとは思っていないようです。

ここで先生に必要なのは、答えがないことに耐えられること、「教えないこと」になるのでしょう。

第4章　増え続ける独学者とＳＴＥＭ教育

「学校教育自体がいらない」と言う人たちもいる

大量の情報にアクセスできる今、「もう学校教育はいらない」と言う人たちもいます。ＩＴは「学校主導で学ぶ人」とは別に、「自分主導で学ぶ」――大量の「自学者」を生み出しました。本章では自学者たちが海外でどんなふうに学んでいるのかと、海外のＳＴＥＭ教育について見ていきます。

台湾のオードリー・タンさんはギフテッド・クラスをはじめ、さまざまな教育方法を試し、お母さんの李雅卿《リーヤーチン》さんとオルタナティブ・スクールを作るのですが、最終的には「どの教育体系にも属さない」と決めます。

その後、彼はこれからもう二度と、いかなる教育体系にも属さないと告げた。自分は自分の道を歩き、〝こうあるべき〟というもののために生きることはしないと。

『人は完全なるもので、今を生きる実体だ。だから自分はもう人を傷つけないよう誠実でなければならない』と言った」

「卒業証書も、卒業資格も、進学も必要ない——
これは周囲の人たちにとって、彼が小屋に閉じこもるよりもさらに受け入れ難いことだった。
（近藤弥生子『オードリー・タン 母の手記「成長戦争」』）

日本でも、ブロガーのちきりんさんや堀江貴文さんが「学校教育には意味がない」と言って話題になりましたが、実際にマレーシアには学校に行かないで自学自習する子どもたちが大勢、存在します。では彼らが勉強しないかというと、むしろその逆かもしれません。基本的な英語力や計算力を身につけてしまうと、あとはいくらでも自習できる時代になっているのです。マレーシアでのホームスクーラーに「不登校」という後ろ向きな言葉のイメージはありません。

「学校は時間の無駄が多過ぎる。カーンアカデミーや大学の講義を自分で探して学んだ方が効率的だ」というのは、私自身が3年前、自分の長男から言われたことでした。彼は小学校の頃にカーンアカデミーに出合い、YouTube の無料動画で自習するようになりました。中学に入ると本当に学校をやめてしまい、プログラミングと理数系に絞って自習を中心としたライフスタイルに切り替えました。

教育を変えたカーンアカデミーとMOOCs

こうした自学者の大きな助けになっているのが、無料動画や独学サイトの存在です。なかでも、2008年にサルマン・カーンさんが始めた教育プラットフォーム「カーンアカデミー」はその後、GoogleやAT&Tなどが出資し、世界の教育を大きく変えてしまいました。

カーンアカデミーでは小学校から高校課程まで、世界の誰でも、数学・物理・生物などのほとんどの科目が無料で学べます。英語版では高校までの授業がほぼ独学できる仕組みを提供し、受講者の学力に応じた設問を出題、動画を組み合わせるなどして、ゲーム感覚で学習できます。

実際に英語版でやってみると、カーンさんはただ授業を動画化しただけではありません。テンポが良くわかりやすく、効率良く学べます。授業をクリアするとポイントがもらえ、スキンやアバターが買えたり、ポケモンみたいな自分のペットが進化したりします。アチーブメントといって、実績が表彰されるアイコンもあり、なかには、なんでもらえるか謎な「ブラックホールバッジ」があり、集める楽しみやゲーム性があるのです。同じ動画を見た人と、コメントしたり議論をしたりもできます。プログラミングやアートやビジネス科目についても学べます。

効率の良いビデオ学習に慣れた子どもたちは、「ホームスクールもいらない。自習で十分だ」ということで、独学の道に入っていくのです。長男も自宅で学習し、必要なときだけ教室に行くスタイルをとっていました。

アジアやアフリカでは、カーンアカデミーや無料で大学の講義が学べるオンラインコース（ＭＯＯＣｓ）を活用している例が多いです。

カーンさんによると今や、タブレットやスマートフォンは発展途上国でも当たり前です。インドでもタブレットが１００ドル以下で買える時代で、もっと貧しい国にはカーンアカデミーのオフライン版が配られていたりします。

南アフリカ出身の知人は貧しい家庭で育ちましたが、Ｕdemy やｅｄＸなどオンラインの講座で公衆衛生や科学など20以上の科目を聴講し、その後も学び続け、国立病院で仕事を得たそうです。「今は貧しい家庭の人でも学べる時代」と言っています。

オンライン教育の機会はどんどん増え、今ではちょっと英語ができるだけで一流大学の先生から直接教えを受けられます。先進国の親たちが「教育費がかかり過ぎる」などと言っている間に、発展途上国の子どもたちは自主的にネットで学んでしまう、凄《すさ》まじい時代です。

マレーシアでは、小学校からずっと学校へ行かず、オンライン教材を利用して学ぶケースもあります。学校でも成績優秀者が「カーンアカデミーで自習しました」という例は少なくないのです。

もちろんこの方法にもメリットとデメリットがあり、さらには人による向き・不向きがありますが、ここからは、英語圏の独学者たちが使っている学習システムをご紹介します。

進化する世界の教育コンテンツ

国際ジャーナリストのモーリー・ロバートソンさんは数学を学び直していて、世界の教育コンテンツに驚いたと書いていました。

学び直しの際に利用したのは海外の教育コンテンツで、これが本当によくできている。なかでも、世界中で子供向けの教育コンテンツを無料提供している「Kahn《(ママ)》 Academy（カーン・アカデミー）」から分派して2012年に誕生した「Brilliant（ブリリアント）」というサービスは秀逸で、Kahn《(ママ)》 Academyでは満足できないレベルの人向けに、数学や科学、工学を専門的に教えてくれます。

(中略)

その一方で、インターネット上には日本語限定の教育コンテンツもたくさんありますが、それらの多くがあまりにもアップデートされていないことに愕然《がくぜん》とします。だって、微分の説明に方眼紙を使っているんですよ。2020年代に方眼紙! それに、数学用語の日本語訳や漢字の当て方も前時代的で、こちらも理解の妨げになっていると感じます。

(「驚異の進化を遂げる世界の教育コンテンツ。日本は置いていかれる?」)

今やYouTubeに世界中の学者や教育者たちが動画を投稿する時代です。その中でもVsauceやTED-Ed(後述)などは、マレーシアの小中学生には定番中の定番。どれも、動画に工夫を凝らしてアニメーションや視覚をフルに使った映像表現をしています。ヒカキンさんが授業をしてくれるようなものだと言えば、わかりやすいでしょうか。

オンラインでは「教える先生」はYouTuberに近くなる

このように、YouTuberが教育の世界に進出すると、子どもたちは、動画の先生と現実の世界の先生を比較するようになります。ポイントは、子ども自身が興味のままにコンテンツを「発見」し、楽しんでいることなのです。そこに「勉強」と「楽しみ」の線引きはないようです。

YouTubeで「電気分解」について検索すると、山ほどの動画が見つかります。つまり自分の興味から逆算して検索し、興味を広げて楽しむだけの量と質のコンテンツが、日々生み出されているのです。

これは大人からはただYouTubeを見ているようにしか見えません。

しかし、何を見ているのかは、その子の好奇心によって異なり、こうした「好奇心をくすぐる動画」が一部の勉学好きの子たちの心を摑《つか》み、仲間同士で探索しては、シェアし合っているようです。あるマレーシアの英国式中等教育修了試験の試験会場に、大勢のホームスクーラーが集まったのですが、「YouTubeで何のチャンネルを見ているか?」という話で盛り上がったそうです。見ていると、こうしたYouTubeからスタートし、だんだん専門のコンテンツにハマっていくパターンが多いです。

こうして、「多数の生徒に一人の教師が知識を教える」一方的な講義スタイルは、「動画でもよいのでは?」と、子どもたちが気づいてしまったのです。

オンラインの授業なら「たった一人の教えるのが上手な先生」が数十万人に教えることができます。オンライン授業ができる先生はDJのようなもので、好きな先生をYouTubeで選べる時代になっているのです。

そうなると、現実の先生の役割は、こうしたコンテンツの引き出しをたくさん持っていて自在に使い分け、授業に活用したり「キミにはこのコンテンツが学習しやすいと思うよ」などと紹介してくれる人になるかもしれません。先生にも「教える」から「コーチする」のパラダイムシフトが起こるのです。

なお、日本でも、令和元年に文部科学省がGIGAスクール構想として一人1台の端末を配り、「個別最適化された学び」を目指すべき次世代の教育としています。

あとは、コンテンツの量と質にかかっていると思います。教育系のYouTubeチャンネルも増えてきましたが、まだまだ英語圏ほど選択肢がありません。また、モーリーさんも指摘するように、日本の動画が「学校の授業をYouTube化」したものが多いのに対し、海外では表現が多彩で、先生がYouTubeをやっているというより「YouTuberが教育動画を作っている」印象です。日本の動画もおそらくこれから変化していくでしょう。

子どもたちに人気のあるYouTube教育者たち

ではここからは、実際に学校・ホームスクールや自学者が活用しているコンテンツを詳しく見ていきます。

・Vsauce

「なぜ人は気味が悪いと感じるのか」「なぜ私たちは退屈するのか」などの身近な疑問から出発し、最終的には哲学や心理学、数学や科学などの議論に誘ってくれるチャンネルです。創立者の米国のマイケル・スティーブンス氏は、YouTubeのスーパースター先生のひとりです。魅力的でわかりやすい語り口と圧倒的な映像で、「クリティカルシンキング」を実践しています。最近ではYouTube本体ともコラボレーションして大がかりな教育動画を作っています。

・ＴＥＤ-Ｅｄ

ＴＥＤの教育チャンネル。わかりやすいアニメーションを使った教育動画で、テーマは科学、歴史、哲学、文化など多岐にわたります。「水を飲まないとどうなるか」とか「なぜ夢を見るのか」などの身近な疑問を解説したコンテンツが多く、マレーシアの子どもたちの間では大人気です。

・Kurzgesagt–In a Nutshell

ドイツ発祥の科学チャンネルで、高精度のアニメーションと、可愛《かわい》いキャラクターで知られています。ブラックホールや四次元の話を、カジュアルでわかりやすく解説します。

・Veritasium

科学・物理・数学などを探検するチャンネルですが、「私が面白いと思ったものはなんでも紹介する」と書いてあります。登録者数１０００万人以上。スペイン語、ドイツ語などのチャンネルもあります。

・Minute physics

量子力学など、物理をわかりやすく教えてくれます。ホワイトボードに書くスタイルで、学校の授業で活用されるYouTubeチャンネルの定番です。

・3Blue1Brown

高等数学のチャンネルです。独自のアニメーションで説明し、難しい問題をシンプルに教えてくれます。線形代数、微積分、リーマン予想、フーリエ変換、トポロジー、フラクタルなどが含まれます。

・Crash Course

カーンアカデミーに似た自学者のためのサイトです。学校などでは定番の教材として使われます。歴史や生物、起業、ビジネス、科学、コンピュータ・サイエンス、経済、工学、ゲームなど、独自のコースを大量に製作しています。

YouTuberになった学者たち

さらに深く興味を持った子たちには、世界中の学者が制作しているYouTube動画が人気です。以下は数学好きの長男に教わった番組です。

世界の数学者が集まっている動画チャンネルNumberphile（後述）や、数学者がピザやベーグルなど、食べ物を使って数学を教えることで有名なチャンネルVihart（後述）は、135万人も登録者がいます。

・**Walter Lewin**

もともとはMITの物理学科の教授だったウォルター・ルーウィン氏が2009年に引退し、開設した「Lectures by Walter Lewin. They will make you ♥ Physics.（ウォーター・ルーウィン氏による講義。あなたを物理好きにするでしょう）」というYouTubeチャンネルで、登録者数は122万人。講義をそのまま録画した動画も多いのですが、それだけでも数十万回視聴されているようです。

・**DoS-Domain of Science**

「DoS」の愛称で知られる量子物理学者ドミニク・ワリマン博士のYouTubeチャンネル。

わかりやすいイラストやアニメーションを併用しています。

・**Vihart**

自らを「レクリエーション数学者」と表現するヴィクトリア・ハート氏は、米国の数学者であり YouTuber です。彼女は食べ物のパイやピザのアニメーションを使って、数学を教えています。独特のスピード感あふれる映像で、「ちょっとふざけているの?」と思われるかもしれません。

・**Numberphile**

2011年に始まった、さまざまな数学者が自分の分野を語るチャンネル。50人以上の世界中の数学者がそれぞれの専門分野について語っています。クリフォード・ストール氏は日本でも『カッコウはコンピュータに卵を産む』(1989年)で知られる元ローレンス・バークレー国立研究所のシステムアドミニストレータ。ぴょんぴょん飛び跳ねながら、楽しそうにトポロジーを語ります。ジェイムズ・グリム氏は「シンギング・バナナ」のあだ名で知られる英国の数学者で、以前はケンブリッジ大学のミレニアム数学プロジェクトの講演者でした。

・**Two Minute Papers**

ウィーン工科大学のコンピュータ・グラフィック・リサーチャーで科学者のZsolnai-Fehér 氏のチャンネル。主に最新の論文を紹介しながら、可愛くてわかりやすいアニメーションとともに、さまざまな最新技術を紹介しています。

まだまだあります。ここでは主に数学や科学のチャンネルを紹介しましたが、これらはごく一部で、歴史好き、哲学好きの子たちに聞くと、違うチャンネルが出てくるでしょう。英語圏では学習のためのリソースが多過ぎて、生徒同士でリストをシェアしているほどです。英語圏は YouTuber の激戦区です。毎年のように、教育チャンネルのランキング動画が出ていますから、最新のものを参考にすると新しいサイトをチェックすることができます。

大学などの授業が無料で受けられるMOOCs

YouTube動画で学者たちの思考に触れて興味を持ったら、実際に大学の講義を聞くこともできます。前述のとおり、MITはほぼすべての講義をネットで無料公開していますし、他大学の講義でも格安な料金（または無料）で、MOOCsと呼ばれる動画群で学べるのです。こうして、一生学び続ける土台ができていきます。MOOCsとは「Massive Open Online Courses」の略で、大規模な公開オンライン講座を意味します。

・edX

edXとは、MITとハーバード大学によって創立されたMOOCsのプラットフォームです。両大学だけではなくスタンフォード大学やペンシルバニア大学、日本では京都大学など世界の大学が、多彩な分野の大学レベル・大学院レベルの授業を提供しています。IBMなどの企業による講座もあります。

コースは短い動画やディスカッション、課題やクイズから構成されていて、たいていは無償で「聴講」可能です。ただし、修了書を得るためには、一定の金額を払う必要があります。

ときに誰かの意見に自分のコメントを書く課題があるため、世界各国の人がどう感じているのかを直接知ることができます。

なかには、一定の条件下で単位を取ると、それが実際の大学の学位に結びつき、そのまま大学院に入学できるコースもありますが、まだまだ実験的な段階のようです。

・**Coursera**（コーセラ）

コーセラは、スタンフォード大学の教授が設立した教育プラットフォームです。世界中の多くの大学と協力し、それらの大学のコースのいくつかを無償でオンライン上に提供しています。ミシガン大学やプリンストン大学、ペンシルバニア大学などと提携しています。

・**MIT OpenCourseWare**

ＭＩＴでは、講義の動画を公開しています。講義を録画したものを載せている場合もあれば、新しく撮り下ろしたものもあります。

また会社主導でプログラミングなどを教えるコースも多いです。例えば、Googleの「Googleキャリア・サーティフィケイト」は、米国人向けのGoogle独自の証明書で、学位なしに、Googleの仕事に応募することが可能です。

こういうものを見ると、高騰した学費を払う価値が本当にあるのか？と思う人が出てくるのは仕方ないかもしれません。

YouTubeを活用する学校の先生たち

オンライン学習を重視する傾向はコロナのパンデミックで加速しました。

世界中の学校が、学校での授業と、家庭学習（オンライン授業）の2種類をせざるを得なかったからです。

マレーシアはもともと、国内や近隣海外での大規模焼き畑農業によるヘイズ（煙害）で、よく突然学校が休みになるため、オンライン授業が導入されています。それまでオンラインの学びに関心がなかった人たちが、「一方通行の授業ならオンラインでもできる」と気づくきっかけになりました。

インターナショナル・スクール（インター）でのオンライン授業は、教室での講義とはだいぶ違ったスタイルが見られます。

ある学校では、先生が自分で講義するのではなく「進行役」となり、教育YouTuberが作った動画やニュース記事、テレビやラジオ番組、ソーシャルメディアなどを利用しながら、ディスカッションや発表形式で授業を進めています。中高生のオンライン授業を見ても、1時間の授業の中で10本近くのYouTube動画やオンラインクイズを「教材」として使うケースが増えています。

つまり、学校の授業でVsauceやTED-Edを利用するのです。これは英国式の小学校でも同じでした。先生は授業がうまいYouTuberの動画を組み合わせながら、子どもの興味が失われないように「コーチ」していくわけです。

一方で、学費の高い学校を中心に、「オンライン中心の学校にお金を払う価値はあるのか」という議論も起きています。実は多くの人が学校に求めているのはコミュニティとしての「交流」だったのではないか、ということです。

だからといって、コミュニティのために高い学費を払う必要があるのか。親からしてみると、これはなかなか悩ましいです。誰かと知り合うだけだったら、別にそんなに高い学費を払う必要はないわけで、これは日本の大学にも同じことがいえると思います。

こうして「学費は抑えたいがコミュニティは欲しい」「先生はコーチだけでもいい」――という人たちの間で人気なのが150ページ以降で紹介するホームスクールです。ホームスクールにはこうした動画教材を活用したり、校舎を簡素化したりして、学費を抑えているところがあります。

マレーシアのオンラインを利用したSTEMスクールの例

次にマレーシアのとあるSTEMホームスクールの例を見てみます。

基本はプログラミング教室なのですが、フルタイムで学びたい子のために、英国式に準拠した小規模なホームスクールを併設しています。プログラミング以外の理数系科目にも対応し、卒業資格も取れます。

ホームスクール生が学ぶのは毎日朝10時から夜7時まで。

決まったカリキュラムはなく、それぞれが自分の目標を持ち、学ぶ単元を決め、動画でもテキストでも「好きな方法」で自習します。教材はカーンアカデミーだったり、プログラミングのチュートリアルだったりさまざまです。

ときには先生が講義形式で教えることもあります。さらに体育やビジネス、プレゼンテーション技術、パブリック・スピーキング、3Dプリンターの使い方、ビデオ制作、投資なども学びます。

この教室の大きな特徴は、自学できる「セルフラーナー」を目指すことです。では先生たちは何をするのかというと、教材を案内したり、質問に答えたりするのです。

ここにはPythonを覚えたての大学生のインターンから、生物や物理の専門家までさまざまなトレーナー・コーチがいて、「量子力学はこの先生が詳しい。生物学&Pythonならこの先生」「宇宙物理はこの先生が上手に教える」「この先生は物理を中国語で教えられる」といったように、それぞれの個性を活かしています。

生徒の興味に合わせて「キミは数学が好きなら、フィボナッチ数について調べてみたら?」「ゲームが好きならこちらのチュートリアルをやってみたら」とさまざまな提案をしてくれる先生もいます。数学や物理について夜遅くまで議論することもありました。

「プログラミング教室」で子どもたちは何を学ぶのか?

この教室では、ホームスクールとは別に、5歳から18歳までの子どもを対象にプログラミングを教えます。こちらはホームスクールとは異なり朝10時から夜10時まで毎日オープンしており、好きな時間に来て学びます。

Python と数学を組み合わせたオリジナルの動画教材を作っており、まずここで簡単なプログラミング入門のトレーニングをします。ひと通り終わると、基本的な Python でのプログラミングができるようになります。

同時に Arduino（アルドゥイーノ）と呼ばれるマイコンボードと各種センサーで電子工作をしたり、超小型コンピュータ Raspberry Pi（ラズベリーパイ）にソフトをインストールしてプログラミングをしたり、Google App Inventor（今は MIT App Inventor）を使って、スマホ用のアプリを制作したり、ＨＴＭＬを学んでウェブサイトを作ったりします。先生たちはただ質問に答えたり、生徒の興味に応じてアドバイスしたりします。ここまでが入門課程です。

入門課程を終えた子たちは、個性がはっきりしてきます。ゲームばかり作っている子、ウェブ系が得意な子、データベース解析が好きな人、Ａｐｐストアにゲームを出している子、数学にハマっていく子――ひとりとして同じ子がいません。そこで後は、それぞれの興味を軸に、ひと通りのプログラム言語、JavaScript、ＪａｖａやC#、Ｃ＋＋などに触れます。

とはいっても、だいたい、先生が紹介してくれるオンラインにあるチュートリアルで覚えるだけです。１００本もの動画を見なさいと言われたこともありました。こうして、現実世界のシミュレーションをしたり、ゲームを作ったりできるようになります。

一時はプログラマー用の質問サイトStack Overflowで1日1回は質問に答えること、という課題がありました。これは世界中のプログラマーが質問と回答を交換し合うサイトで、子どもたちはそれぞれ、PythonやJavaScript、Unityなど得意分野があり、ここで他人のコードの間違いを探したり、質問に答えたりして、誰かの問題を解決する「仕事」をするのです。質問に回答するとポイントが上がり、可視化されます。Stack Overflowには求人情報も掲載されていますので、「どんな質問をして」「どんな質問に答えたか」を公開して、企業にプログラマーとして応募できるわけです。また、GitHubを使ってコードを共有する方法も学びます。

またときには、マイクロソフトと共同で、地元の公立学校の中学生にPythonを教えたり、「サイエンス」に関するイベントで大学生を前にスピーチしたり、会社のソフトウェア開発チームに参加することもあり、いろいろな経験をします。

「パーソナライズド・ラーニング」と「アダプティブ・ラーニング」

このＳＴＥＭスクールでは、基本的にすべてが自習です。「もうインターネット上に教材は十分にある」ということで、先生たちは、どの教材で自習したらよいかのアドバイスはします。

この教室のポリシーとしてよくいわれていたのが、「パーソナライズド・ラーニング」「アダプティブ・ラーニング」です。この二つの言葉は似ていますが、要するに、各自の個性に合わせて、自分のペースで勉強することです。

パーソナライズド・ラーニングとは、学習者の興味、経験、好みの学習方法、学習ペースなどに合わせた学びの方法を提供することです。また、自分の興味・関心に合わせて学習することです。

ビデオ学習が得意な人、書籍がわかりやすい人など、インプット方法も好きなものを選びます。ゲーム感覚でやるオンライン学習では、難解なものはその場で動画を止めて調べたり何度も繰り返したりしますし、わかるところは飛ばせるので、全員が違う単元を学習することになります。

逆に、難しい単元からスタートして、やさしい単元に戻っていく手法もあります。理数系だけやりたい人、社会学系もやりたい人など、好きな科目を組み合わせて勉強します。これを極めていくと、自分で学習する術《すべ》がわかっていき、そのまま完全な自習に入る人もいます。

一方、アダプティブ・ラーニングとは、コンピュータが個々の学習者の学習状況や理解度を分析し、最適なコンテンツを提供することですが、この教室ではＡＩを使って学習者のつまずきを分析し、一人ひとりに違う問題を出していました。

自分で学んでしまう子どもたち

しかし、こうしたホームスクールの助けなしに、プログラミングを自学する人たちもたくさんいます。

ゲーム「マインクラフト」はマレーシアでも大人気です。マインクラフト上の装置に動力を与える「レッドストーン回路」を利用し、論理回路の基礎を学んでしまう子がいます。マインクラフトはマイクロソフトが教育用に買収して話題になりましたが、一部のインターでは授業で利用していました。

さらに、ゲームが好きな子に人気なのが、Unity（Unity3D）です。Unityは、初心者からプロまで利用するC＃で書かれた開発環境で、100万人以上の開発者が利用しているといわれ、知識がなくても3DやRPGなど各種ゲームを作れます。

もう一つ人気なのはRoblox。Robloxとは、ユーザーが独自のゲームを制作できる仮想世界プラットフォームで、世界には1億人以上のアクティブユーザーがいるそうです。

Robloxでは、マインクラフト的な建築から、フライトシミュレーター、カーレーシング、楽器演奏など多種多様なゲームがプレイできるほか、こんなこともできます。

・プログラミング技術を用いて、ユーザーが独自のゲームを開発できる
・開発したゲーム内で、課金制度を使ったビジネスが可能
・仮想アイテムをデザインし販売するビジネスが可能
・Roblox内での仮想通貨Robuxでビジネスが可能

つまり、オンラインゲームでビジネスの仕組みが学べるのです。あるイラン人中学生は、Robloxを作っているLuaというプログラミング言語に夢中でした。

また、マレーシアでは、Blenderという3Dソフトも大流行中でした。Blenderとはオープンソースで無料で使える3Dモデリングソフト。「窓の杜」によれば、「ポリゴンを組み合わせて形状を作るモデリング作業から、アニメーション制作、レンダリング、各種アプリ向けの出力までをワンストップで行える」といいます。かつては3Dソフトやレンダリングには高価なパソコンとビデオカード、ソフトが必要でしたが、今ではそれを安いパソコンで小・中学生が扱うのです。

オンライン教育に向く人・向かない人

見てきたように、英語圏にはすでに「ものすごい量のリソース」があり、それが毎日のように更新されているため、先生や学校なしに学ぶことは十分可能です。

しかし、オンラインが万能かというと、決してそうではないと思います。オンライン授業については、実は向き・不向きがはっきりしています。

一つはモチベーションの問題です。年齢にもよりますが、オンライン学習は「親や先生が監視してやらせる」のが難しいため、本人のモチベーションや意識が大きく関わってくるのです。

もう一つは、ITリテラシーの問題です。オンライン学習ではどうしてもITを自力で使いこなす力が必要になるため、そこでモタつくと大きなストレスがかかります。

また、2020年のパンデミック下では、オンライン教育を受けた生徒と休校した生徒とで、大きく差がついてしまうという報告がありました。オンラインで学校教育から解放された子が多い一方、学習から外れたり、精神的に問題を抱える子どもも多数います。

基本的に、オンライン教育に向いているのは「自走型」で好奇心旺盛、「学びたい」ことがあるタイプの人でしょう。孤独に強いなどリモートワークに向いている性質とも近いかもしれません。

一方、受動的な教室スタイルを好んだり仲間と競うことがモチベーションになるタイプの人もいます。従来型のステップバイステップの学校（先生との対面による一斉授業）や家庭教師、各種インターなどを、生徒の性格や授業内容の特徴によって使い分けられるのが理想と思います。

独学者はどうやって進学するのか

さて、このように自学を中心とするホームスクーラーが、本当に世界的に認められる進学資格が取れるのか？と心配される方もいると思います。

英国ケンブリッジ式の国際中等教育修了試験（ＩＧＣＳＥ）を例に説明します。ＩＧＣＳＥは試験でほぼすべてが決まるため、学校にまったく行っていない子どもでも、試験を受けて進学できます。試験の中には、学校での共同作業や実験が必要となるものもありますが、多くの教科において筆記試験の結果のみで進学できます。日本の高卒認定試験を想定してもらえるとわかりやすいでしょうか。すべての答案は、英国に送られて採点されますが、記述式問題が多いため、受験料もかなりかかります。

ではどうやって学習するのか。

もちろん、教科書や参考書を使って勉強する子どもたちも存在するのですが、ホームスクーラーには、一切教科書を使わずに学習している人もいます。今やほとんどの学習が、オンラインのみで完結するというのです。

個別単元をカーンアカデミーで学習してもいいのですが、インターネット上にはＩＧＣＳＥに特化しているチャンネルがたくさんあります。英語圏では意見交換サイト reddit などで子どもたち同士が教育の情報交換をしており、やる気さえあれば、どこに何のリソースがあるのか調べ、自分に合った教育環境を作り上げることが可能です。

ホームスクーラーに人気の「対策サイト」

英国式の生徒は、まずは公式サイトであるケンブリッジのページで試験範囲を確認します。試験は記述式ですが、マークスキームといって、採点者が何を重視して採点するか、減点されるポイントなども、かなり細かく公開されていますから、何に気をつけて勉強すればいいかもわかります。

試験範囲がわかったら、次に試験の内容を網羅している「対策サイト」で勉強を始めます。

・Save My Exams

試験の対策総合サイト。プロの先生たちが作ったサイトで、教科書をぎゅっと凝縮したような受験に必要なエッセンスを教えてくれるノート（リビジョン・ノート）を公開しています。どの科目で何の項目を勉強すべきかがスッキリとわかり、ドロップアウトした人でも、教科書を持っていない生徒でも、効率よく試験対策を練ることができます。

一部は有料になりますが、過去問から練習問題など、さまざまな勉強ツールを集めています。ほかにもAレベル（後述）、ＩＢなどの資格試験にも対応しています。ただし、全部の科目に対応しているわけではありません。

・**ZNotes**

フリーの学習サイト。ＩＧＣＳＥ、Aレベル、ＩＢなどに対応しています。"for students, by students"と書いてあるとおり、すべて生徒自身が作っているのが特徴です。各科目の学習法のほか、ビデオやコミュニティもあります。創立者のZubair Junjunia氏が16歳で作ったサイトですが、彼は自分のノートをもとにして、洗練された究極のノートを作ることを考え、今や2億回もアクセスされるサイトに成長したのだそうです。

このほかに、ホームスクーラーには、実験を見せてくれるMalmesbury Educationが人気です。また、学生自身が作成している動画やＧＣＳＥに特化した教育サイトFreeScienceLessonsなどのチャンネルも存在しています。

質問がある場合は、YouTubeを検索して自己解決することも多いですが、どうしてもわからなければ reddit とか YouTube などの掲示板に行くと教えてくれるそうです。ただし、この方法で対処できるのは、数学・化学・物理・コンピュータ・サイエンスなどで、積み重ねが必要な語学など、対策サイトだけでは難しい科目もあるそうです。

社会性は育つのか

ここまで、個人が独学する環境について紹介してきました。

一方で「学校に行かないと社会性が育たない」とよく言われます。マレーシアのホームスクーラーたちの社会性は保たれているのでしょうか？

まず、正確な統計があるわけではないのですが、ホームスクーラーといっても、無認可の学校に通う子がほとんどで、自宅でたったひとりで勉強するケースは少数派だと思われます。それだけ、マレーシアには無数のホームスクールがあり、道を歩くと看板をあちこちで見かけますし、周囲のマレーシア人、日本人にも、中学生くらいからホームスクールに転校する例が多いです。

少人数のホームスクールに所属している場合は、コミュニケーションの輪が小さくなります。しかし、人数が揃わないとできないサッカーなどのスポーツは、近所の他校のクラブ活動に交ぜてもらったり、プロジェクトにホームスクーラーの外の子を交ぜて、協力したりする場面もありました。学校と違うのは「協力するのが、同じ学年の人ばかりとは限らない」ということです。相手は大人かもしれませんし、ずっと年下の子どもかもしれません。

ホームスクーラー同士がつながれる場所も数多くあります。例えば、Facebook 上にはホームスクーラーの親同士が協力するためのグループがあり、遠足やキャンプなどを企画しています。パンデミック中、インターネット上で、友達と勉強するのも流行《はや》っていたようです。学校仲間たちと、Discord というアプリで「オンライン勉強会」を開いて、つながりつつ自習している生徒もいます。

それにしても、社会性とはいったい何でしょうか。

マレーシアには小学生からホームスクールでも、社交的な人もいます。一方で、学校に行っても、いじめられたりして、かえって対人恐怖になってしまい、引きこもって社会と関われない人もたくさん見てきました。つまり「学校に行かないと社会性が育たない」とも言い切れないのでは?と思います。

ホームスクーラーとして学習する時期は、工夫次第で多様性の大切さを身をもって知る訓練になるのではないでしょうか。

いろいろなタイプの人間がいるのだと理解する

以上、独学者たちがどのように勉強するのかを見てきました。結局は、向き・不向きというか、そのときにその人に何が必要なのか、ではないでしょうか。

周囲の人を見ていても、人生の一時期に、必要があってホームスクーラーという立場を利用している人が多いように見えました。英語力に不安がある時期に少人数のホームスクールで英語に慣れたり、どうしても独学したい時期に利用する、なかには、経済的な理由からホームスクーラーになったという人もいます。そして場合によっては政府認可の学校に戻ります。

冒頭で紹介したように、台湾のオードリー・タンさんは「いかなる教育体系にも属さない」と決めました。同じく学校に通えなくなった弟の宗浩《ゾオンハオ》さんは、不登校児の保護者が罰せられる台湾の法律のために、

『ママ、選んで。国に罰せられるか、気が狂った子どもを持つか』

（近藤弥生子、前掲）

と言ったそうです。

1999年、台湾では、ついに政府が「国民教育法」を改正し、国民教育における「非学校形態実験教育」を認めました。国内の小中学生らに対するオルタナティブ教育が合法化され、1998年には台北市にオードリーを含む4人しかいなかったホームスクーリング生が、2014年には2400人余が申請するほどまでに規模が拡大しているそうです。

オンラインで独学をどんどん進める人がいる一方で、学校で仲間と一緒に学ぶのが大好きという人もいます。その人たちが学校に求めているのは、実は「勉強以外の友達とのつながり」「仲間からの刺激」かもしれません。生まれながらに社交が大好きな人は、家での自習が苦痛かもしれません。与えられた課題には退屈してしまい、むしろ会社員やチームで何かをすることに向いているのかもしれません。

社会は「静かに研究に没頭する人」と「実際の技術に落とし込む人」「その技術を社会に広める人」「上手に販売する人」などで成り立っています。

だから、どれが優れているかの議論には意味がありません。いろいろなタイプの人を活かしつつ、協力してプロジェクトを進めることができればよいのではないでしょうか。

第5章　マレーシアと日本から見る国際教育の現場

ここからは、実際に海外で、教育がどう実践され、人々がどう選んでいるかをご紹介します。マレーシアにはまるで見本市のように世界各国の教育が集まっており、だいたいの大きな流れを俯瞰《ふかん》することができるからです。

また、アジア的な伝統教育が行き渡っている国にインターナショナル・スクール（インター）ができ始めている——という点で、かつてのマレーシアは現在の日本に似ており、日本のこれからの状況を予測するのにも、参考になるでしょう。

マレーシアは、東南アジアにあるイスラム教の国です。気温は1年を通じて暖かく、日本から飛行機で7時間ほどと比較的近く、イスラム教のマレー人のほか、中華系、インド系の国民と、少数民族が暮らす多民族国家です。公用語はマレー語ですが、民族同士の共通語として英語が広く使われています。外国人労働者も数多く、7人に一人が外国人というデータもある外国人労働者大国でもあります。

教育には「選択肢」がある

マレーシアの教育の多様性については、先に軽く紹介しましたが、ここでは詳しく見ていくことにしましょう。

まず「従来型」の公立学校や私立学校、「21世紀型」「折衷型」の100校以上のインターがあり、増え続けています。

さらにSTEMやオルタナティブ教育・家庭教育が混在しています。学費が安くなるほどアカデミック偏重となり、「ガリ勉」に近づいていくのがマレーシアのユニークなところです。

日本では今まで、教育の種類はほぼ1種類でした。科目も中学まで同じで、偏差値によって振り分けられます。たとえて言うなら、小学校から大学まで、直線の徒競走をやっている感じです。

一方、マレーシアでは、全員が違う方向へグループに分かれて走り出していって、なかにはひとりで寄り道している子が、ときには合流していたり、勝手に山に登っていく人、海に入っていく人もいる感じです。選択科目もみんなバラバラで、そもそも偏差値がなく「優秀とは何なのか」がわかりにくいです。

インターは、学校によっては5歳で入学する子も、7歳で入学する子もいます。学校に入る年齢もバラバラならば、途中で転校する人も多いので、同じクラスの児童でも2歳くらいの年齢差があるのは当たり前です。家庭によっては、早熟だからと早めに学校に入れる親もいれば、逆にゆっくり学ばせたいからと7歳になってから入学するケースもあります。1月始まりの学校もあれば9月始まりの学校もあるので、学校によって年齢と学年が異なるのです。公立学校はある程度年齢で区切っているのですが、小学6年生のときに試験があり、結果次第では、1年留年する子たちが出てきます。公立中学についていけず、インターに行く子もいます。

最初は宗教学校に入れる家もあります。また、モンテッソーリのように、違う学年を集めて教育するスタイルの学校もあります。語学のハードルさえ越えてしまえば、ほかの国も含めて圧倒的にその後の選択肢が広がります。

1　国に準じた公立学校と私立学校

「従来型」の代表例は、公立学校やマレーシア式カリキュラムの私立学校です。

マレーシアの公立学校は大変複雑で、マレー語、華人学校、タミル語、イスラムの宗教学校や、元キリスト教の学校、半分私立の公立学校など、さまざまな種類があります。クラスの人数は多く、午前・午後で入替制のことも。いずれも、国語のマレー語、英語、学校での言語（タミル語、北京語など）、アラビア語など、2、3カ国語が必須で、小中学校卒業時に試験に合格しなければならないため、日本人が選択するケースは少ないです。そのうち最も学習が大変だといわれるのが、独立系と呼ばれる華人系半公立学校です。マレー系やインド系でも、「子どもに中国語を学ばせたい」と華人学校を選択する家もあります。教育言語は時代や政治によっても変わり、常に議論になっています。

マレーシアは英国の教育課程の影響を強く受けており、科目やシラバスなどが似ています。そのため、奨学金などの合格基準は、英国式と公教育で同等に評価されるケースが多く、内容も「詰め込み式」と批判される一方、21世紀型に近づいてきたという現場の声もあります。また、先住民とされるマレー系国民を優先する「ブミプトラ」という政治的な仕組みもあるため、マレー系以外は、私立学校やインターを選択する家も少なくありません。

2　各方式のインターナショナル・スクール

21世紀型の代表がインターナショナル・スクールです。政府の認可を受けています。

主流は英国式です。その他、国際バカロレア、オーストラリア式、米国式、カナダ式、シンガポール式のインターナショナル・スクールが知られています。どこも「グローバル教育」「批判的思考」「コミュニケーション力」などを重視しています。

よく、「英国式と国際バカロレアのどちらが優秀か」などと議論している人もいるのですが、両者はまったく異なるので、比べることにあまり意味がないと思います。

また、米国は教育の輸出には英国ほど積極的ではないようで、米国式インターナショナル・スクールは数が少ないのですが、大きな特徴は、ほかのインターナショナル・スクールと違い、日本同様に卒業試験がないことです。高校時代をスポーツや芸術活動をして自由に過ごしたいと考える日本人学生には人気があります。さらに日本人学校やイラン人学校、フランス人学校、インド人学校、台湾式学校など各種学校が存在しています。

3　オルタナティブ・スクールとホームスクール

ここまで、何回も「ホームスクール」という言葉を出してきました。ここではもう少し俯瞰的に述べてみます。

ホームスクーラーという言葉は、国によって意味が若干異なるようです。マレーシアのホームスクーラーは、無認可の塾のようなスタイルで学ぶタイプと完全に学校に行かないで学ぶタイプがありますが、前者を指すことが多いようです。

日本でのフリースクールに近いところから、数百人の生徒を持ち、インターとして認可申請中のところ、キリスト教会などの宗教団体が運営するところ、ビルの一室で教えているところまでいろいろです。ホームスクーラーの多くが、英国式や米国式など、どこかの国のシラバスに合わせて学習します。学習の順番は、どの国のどの教育体系を選ぶかで決まります。さらに、モンテッソーリ式やシュタイナー式、ＳＴＥＭ教育などオルタナティブな教育もあります。

また、周囲を見ていると、英語を中心に学習させたいけれど、費用の面からホームスクールに通っている例も少なくありません。広大な敷地や設備を持つインターに比べて、小規模なホームスクールの方がずっと学費が安いのです。

問題点もあり、ホームスクールが増え過ぎてしまい、劣悪な環境のものや、教育の質が伴っていないものがあるのではないか、と議論されています。

このほかに完全に家庭で教育する例も少なくありません。

ここからは、日本人に人気のあるインターの主流である英国式と国際バカロレアについて、もう少し詳しく解説します。

世界最大の国際カリキュラム英国式ケンブリッジ国際

マレーシアのインターの約8割は英国式といわれます。

なかでも、多いのは世界最大のカリキュラムと呼ばれる「ケンブリッジ大学国際教育機構（ケンブリッジ国際）」方式です。

「ケンブリッジ国際」は、英国ケンブリッジ大学傘下の教育組織であり、世界最大の国際カリキュラムの名称です。5歳から19歳の教育資格を提供し、160カ国、1万校、100万人の学習者が学びます（大前研一ほか『変革』）。英国式にはケンブリッジ式のほか、エデクセル式もあります。

大きな特徴は、「批判的思考」や「グローバル教育」を謳《うた》う一方で、マレーシア式と同様に試験を大変に重視することです。ほかの方式と違って授業の出席や内申を問わないで進学するため、ホームスクーラーにも人気があります。

同じ英国式でも、学校によって驚くほど運営方法が異なります。由緒ある英国式ボーディング・スクールの系列校から、前述の「折衷式」、つまり数学だけはシンガポール式を取り入れたところ、中国語を重視した詰め込み式教育を行うところ、黒板に向かって先生が一方的に話す伝統的な講義スタイルもあれば、基本的に授業はすべてiPad 1台で行う学校もあります。また、イスラムの子どものためのインターもあります。

英国式のIGCSE試験とAレベルとはどんなものか

英国式では日本の高校1、2年にあたるときに義務教育卒業試験が必要で、受からないと進学できません。試験の選択科目は70科目以上もあります。最低限5科目を取れば進学できるのですが、理系ばかり5科目取る人もいれば、ビジネスやコンピュータ・サイエンス、会計などまんべんなく10科目取る人もいます。

しかも、学校によって選べる科目が異なります。語学もさまざまでマレー語やスペイン語を選ぶ人もいますが、第1言語として学ぶか、第2言語として学ぶかでテスト内容も違います。ひとりとして「まったく同じ科目」を取っている人はいないのでは？というほど多彩です。

数学は、難易度別に三つに分かれており、簡単な中学数学程度のものから、微分積分まで網羅した高等数学（additional math）もあり、進学先などに合わせて選びます。単純に日本と比べて「数学はやさしい」「難しい」などと言うのが難しいのはこのためです。中学課程でビジネスや会計、コーディング、生産工程などを学ぶ子どもたちもいます。

中学卒業資格を得るためには、一定の成績（C以上が5科目以上）を取る必要があります。成績はAからEまでの5段階で、科目の選択がその後の進学を左右します。もしカレッジに行くのなら、学校によって「（及第点である）C以上が6科目以上」など進学先が求める条件を満たす必要があります。

義務教育卒業試験の後は、大学予備課程のAレベル課程（これは学校によって1年半〜2年と期間に幅がある）になります。選択科目は3科目で、1科目を非常に深く学ぶスタイルで、やはり試験によって進学が決まります。なお、マレーシアでは英国式の義務教育卒業試験の後にAレベルに進学せずに、「ファウンデーションコース」などと呼ばれる大学の予備課程に入って、そのまま大学進学するコースも人気です。そのため、Aレベルを提供していない英国式の学校も少なくありません。

教科横断的な学びをする国際バカロレア（ＩＢ）

一方、国際バカロレアの学校は、比較的新しいのですが、これは暗記教育の対極にある「四つのＣ」を最重要視した教育といえるかもしれません。数においては、マレーシアでは英国式よりずっと少なくなります。

もともとは、世界各地を飛び回る外交官や企業幹部の子どもたちのために、一つの国の制度に偏らず世界で学べるプログラムとして、１９６０年代にスイスで設立されました。いわば「国際人」「グローバルリーダー」を養成するための特別プログラムとして始まったものですが、今では世界に広がり、幼稚園から高校で導入されています。

日本の文部科学省の資料によれば、ＩＢは令和３年（２０２１年）９月30日現在、世界１５９以上の国・地域、約５５００校において実施されている国際的なプログラムで、特徴的なのはスイスで生まれたものの、特定の国のプログラムに基づいていないことです。

ＩＢの使命は、

「国際バカロレア（ＩＢ）は、多様な文化の理解と尊重の精神を通じて、より良い、より平和な世界を築くことに貢献する、探究心、知識、思いやりに富んだ若者の育成を目的としています。
この目的のため、ＩＢは、学校や政府、国際機関と協力しながら、チャレンジに満ちた国際教育プログラムと厳格な評価の仕組みの開発に取り組んでいます。
ＩＢのプログラムは、世界各地で学ぶ児童生徒に、人がもつ違いを違いとして理解し、自分と異なる考えの人々にもそれぞれの正しさがあり得ると認めることのできる人として、積極的に、そして共感する心をもって生涯にわたって学び続けるよう働きかけています。」

（ＩＢ教育推進コンソーシアム「ＩＢとは」）

とあり、10の学習者像を目指して教育を進めます。

探究する人
知識のある人
考える人
コミュニケーションができる人

信念をもつ人
心を開く人
思いやりのある人
挑戦する人
バランスのとれた人
振り返りができる人
（同前）

ＩＢはよく全人格教育といわれますが、まさしくそのとおりで、思いやりや挑戦などが評価項目に入ってくるのです。

ユニークなのは、「カリキュラム」はなく、授業の枠組みである「フレームワーク」であることです。つまり教師や生徒自身が何をどう学ぶかについての方針は示されていますが、学校や教師によって授業内容が異なります。

初等教育プログラム（ＰＹＰ）は母語で学べますが、教科を横断する形で言語・算数・社会・理科・芸術・体育を学びます。地球温暖化について調べることで、語学・理科・社会（ソーシャルスタディ）をまとめて学ぶようなイメージです。

教科書は使用しないことも多く、学ぶテーマは以下の六つです。

・私たちは誰なのか
・私たちはどのような時代と場所にいるのか
・私たちはどのように自分を表現するか
・世界はどのような仕組みになっているのか
・私たちは自分たちをどう組織しているのか
・この地球を共有するということ

中等教育プログラム（ＭＹＰ）も言語を問わず、５年のプログラムで、言語と文学・言語の習得・個人と社会・理科・数学・芸術・保健体育・デザインを学び、さらに複雑でグローバルな課題に取り組みます。

ＩＢを導入しているマレーシアのインターで、中学生の課題をいくつか見せてもらいました。

例えば、中学2年生の数学関連では、米国のＦＢＩの犯罪統計資料を見ながら犯罪率を調べ、どの町が住むのに適しているかを論じる内容の課題がありました。注意すべきガイドラインが明確に示され、グラフを作り、同時に英語で数十ページにわたるレポートが必要です。取材した中学生は3万語（23ページ）のレポートを出していました。

またＷＨＯ（世界保健機関）の統計を見ながら、環境問題について論じるという問題がありました。統計を読み解くための数学的知識、記事を読むための英語の知識、社会についての認識など、教科横断的に学ぶのです。

その後の大学予備課程（ＩＢＤＰ）は、大学に進学する直前の2年間のプログラムです。ここでは、六つの教科（「文学」や「言語」「数学」「科学」などを含む）の決められた分野から必ず6科目を選択します。

理数系が得意な人も、何らかの文系や社会学系の科目を取らなければなりませんし、文系が得意な人も、科学系の分野が必要です。

ＴＯＫという哲学の中の認識学的学問、ＥＥという本格的な論文執筆、ＣＡＳと呼ばれる課外活動も必要となってくるため、ＩＢＤＰはオールマイティに深く学習したい人に向いています。またこの課程は原則として英語、フランス語、スペイン語での履修となっています。

日本でも推進されているIBと現状

国際バカロレアの日本での状況にも触れておきます。文部科学省ではグローバル人材育成の観点から、日本における国際バカロレアの普及・拡大を推進し、２０１８年度からは、文部科学省ＩＢ教育推進コンソーシアムを設立。日本語でのプログラム「日本語ディプロマ（ＤＬＤＰ）」も始まっています。

日本での国際バカロレア認定校の取り組みは、２０１３年より始まり、２０２１年９月時点で認定校・候補校は合わせて１７２校。２０２１年６月29日、加藤勝信官房長官（当時）は、国際バカロレア認定校を２０２２年度までに２００校以上とする目標達成に向けて、引き続き取り組んでいく意向を示しました。

ただし、最終学年のディプロマ取得まで行く生徒は、まだ少ないのが実情のようです。

例えば、仙台育英学園高等学校のホームページによると、

Statistical Bulletin Nov 2019 より
Number of candidates by country ２６９（日本で試験を受けた人数なのでインターの外国人も含む）
ＴＯＫを日本語で受けた人数79（ほぼ日本国内のＤＬＤＰ在籍の受験者とみていい数字だと思う）

とあります。つまり、２０１９年にＴＯＫを日本語で受けた人数が79人で、これがほぼ日本国内の日本語ディプロマ取得者と見ていいそうです。インターの人数を含めても３００人弱なので、まだまだ少ないことが見て取れると思います。

その理由として国内の先生方はイベントなどで、

・日本語のディプロマであっても科目によっては高度な英語力が必要になること
・課題が非常に多いこと
・社会人の教育方法に近く、無理やりやらせることが難しいこと

・得意科目に注力できないこと

と話しています。

日本の「文部科学省ＩＢ教育推進コンソーシアム」では、現場の先生たちから、

「自分だけの将来ではなく、世界平和を考えるような人間が向いている」

「論理的に話し、ＩＣＴスキルが高く、臨機応変な生徒が多い」

という声が出ていました。

おそらく、負担を考えたときに、もっと楽に進学できる方法があるためではないでしょうか。「大学のための最短距離」を狙うのなら、ほかのコースも選べます。わざわざ高いお金を出し、辛《つら》い努力をしてＩＢに行かなくても、もっと楽に進学できるルートがあるのです。

「大学に合格すること」が目標になっていると、ＩＢで学ぶことの意義はわかりにくいと思います。

IBディプロマの取得者が少ない理由

そして、この状況はマレーシアでも同様です。IBディプロマを取得して大学生になる人よりも、英国式のAレベルや、ファウンデーションコースと呼ばれる1年のコースを経て大学に行く生徒の方が多く、IBディプロマの学校も限られています。

さらに、いくつかの理由があると思います。

一つは、教師の側にかなりの知識量、主体的な学習が求められること。

二つ目は、生徒側にも主体的に分析・調査する能力と意欲が必要になるため、「全員に向く教育手法ではない」ことです。ディプロマコースでは、英語のほかに第2外国語が必須になるのですが、マレーシアのある学校では、半年フランス語を学んだだけの生徒が議論をしたり、料理動画をフランス語で撮影してくる課題が出たりします。

三つ目は、従来型教育に比べて、学費が高いことです。安くても日本円で年間150万円以上の学費が必要となることがほとんどです。例えば、フルIBの学校であるIGBインターナショナル・スクールの2021年の学費は、最高学年で1年間9万5800リンギット（260万円程度）。その意味で、東京都立国際高校や筑波大学附属高校など、公立のIBディプロマがある日本より負担ははるかに大きいと感じます。

ある学校のIBディプロマの1科目の宿題の量

実際、ＩＢディプロマは生徒にとってどの程度「大変」なのでしょうか？

マレーシアで実際にＩＢディプロマを取得した人々に聞くと、課題の多さや難易度に「辛かった」「苦しかった」という声と同時に、「一生の学び方を教えてもらった」「ＩＢで鍛えられたおかげで米国の大学の授業が楽になった」「最高の時間を過ごした」などの意見があります。ＩＢディプロマの2年間で、大学受験よりも「学びそのもの」のプロセスを楽しめたことに価値をおいているのでしょう。

ＴＯＫと呼ばれる科目では、哲学の認識学に近い学問を全員が学ばねばなりません。ここでの問いは「自分とはそもそも何か」から始まり、かつての哲学者たちが「知る」ということをどうとらえてきたかを学ぶのです。例えば、マレーシアのある学校の最初の授業で出た宿題がこれでした。

1　あなたは自分自身について、どの程度「知る」ことができますか？

2　どのような状況なら、「ほかの人があなた自身よりもあなたをよく知る」ことができますか？
3　知覚せずに、自分自身を「とらえる」ことができますか？
4　あなたの意見では（個人のアイデンティティの観点から）あなたを個人的に定義するさまざまな身体的、感情的、および個人的な特徴は何ですか？　これらの特性のどれがあなたの選択であり、どれがそうではありませんか？
5　私たちの自己イメージと自尊心は、他者が私たちを見る方法、または私たちが自分自身を見る方法をどの程度反映していますか？
6　あなたは若い頃とどの程度同じ人ですか？　8年生か9年生（註：中学生）のときと比べてどうですか？　どのように変化し、どのように同じままでしたか？
7　個人的な知識とは何ですか？　あなたはどのような個人的な知識を持っていますか？　例を挙げてください。
8「私たちの知識のほとんどすべては経験による」——どの程度同意しますか、または同意しませんか？　私たちの知識のどれだけが経験的であり、どれだけが生得的ですか？　あなたがおそらく持っているこれらのタイプの知識の両方の例を挙げてください。
9　現在所有している first-hand（一次情報）および second-hand（二次情報）の知識の例

を挙げてください。

10 無知とは何ですか、そしてそれは個人の知識とどのように関係していますか？ それは確実性の概念とどのように関連していますか？ 私たちは何かを確信できますか？

これがある日の1科目の宿題です。この量がほぼすべての科目で毎日のように出ます。宿題をもとに翌日の授業で議論するのです。このほかに論文執筆や課外活動が必須ですから、いかに時間がかかるか理解できると思います。

国際バカロレアの先生たちの負担はどの程度か

先述したように国際バカロレアでは教科の「フレームワーク」が決まっているだけで、細かく何を教えるかのカリキュラムが決まっていません。先生が「教科書を開いて読む」だけの教え方ができないのです。ですから、先生によって教える内容も、取り上げる題材も異なります。授業を見ると、先生自身も常に最新情報を取り入れつつ、勉強し続けていることがわかります。「世界の問題」をテーマにするため、選択するものは幅広いです。

ある先生は英語とＴＯＫを教えており、大学時代の専攻は哲学です。各国の文学、音楽、

YouTube、SNSやブログまで、幅広いメディアを扱います。

例えば、言語（英語）の課題にフィッツジェラルド『華麗なるギャッビー』があるのですが、単に読書するだけではなく、分析的に読むことが求められます。先生は韓国映画「パラサイト」と比較し、『華麗なるギャツビー』との類似点を分析してきなさい、という宿題を出します。その後は、生徒たちが自分の好きな素材（ゲームでも映画でも歌でもなんでもよい）を選んで、『華麗なるギャツビー』との類似点を評価したり、この小説に、LGBT的要素があるかどうかをクラス討論していました。かと思うと、シェークスピアの「オセロ」を題材に嫉妬、人種差別、「有害な男らしさ・女らしさ」「表面と内面の違い」など現代にも通じる世界規模での諸問題を論じています。最終的には、生徒がメディアを選び、比較分析する小論文を書きます。長男はYouTubeの公共広告を比較して論じていました。日本文学（吉本ばななななど）や、ヤスミン・アフマド監督のマレーシア映画なども題材に取り上げていました。

TOKの授業の「アート」では、どこからが「plagiarism（盗作）」で、どこまでが「influence（影響）」なのかの線引きについて、英国のロックバンド「レッド・ツェッペリン」の曲と彼らが影響を受けたといわれるブルースの原曲とを聴き比べながら、著作権とは何か、「影響」はどこまで許されるのか、実例をもとに生徒たちで議論していました。人間科学では、「キャラクター診断」サイトを分析し、アンケートの質問の作り方によるバイアスについて考えさせていました。

こうした実例を豊富に用意する点ではなかなか大変だと思います。

教えている先生に聞くと、「多様性のある国だから、いろいろな答えが出てきて、生徒から学ぶことは実に多い。彼らの親と話すのも視点が増えて面白い」と言います。

日本で国際バカロレアを教えるある先生は、文科省のコンソーシアムで、「教師も外部から定期的に評価される。教師自身も学び続けるし、自分の専門性を問われる」と話していました。つまり、生徒だけでなく先生自身も、授業のいろいろな展開に対応できるよう、引き出しを増やしているのだと思います。

そして、ＩＢの先生たちは、生徒から学んだことを吸収しつつ、自分の世界を広げて、それをフィードバックしているように見えます。

子どもの学校をどうやって選ぶのか

では、マレーシアの人々はどのように教育を選んでいるのでしょうか。孟母三遷《もうぼさんせん》を地で行っている、という人によく出会いますが、いくつか例をご紹介します。

知り合いの華人のご家族は、長男の小学校を3回変えていました。最初は公立（華人）学校でしたが、その後、英国式インター2校に転校したのです。

その理由は「子どもがハッピーじゃないから」。長男と次男は同じインターに行きましたが、この中学は長女にはどうしても合わず、彼女は途中で転校し、地方の寮生活の学校に馴染むことができたようです。3人とも、高校からはシンガポールのIB式に留学し、それぞれシンガポール、香港、英国の大学を卒業しました。

私の長男も短期のお試し的な学校体験を合わせると、合計九つの学校に行っていますが、途中で自習の道を選び、また普通のインターに戻っています。

お金はかかりますが、いろいろな選択肢があるので、子どもの性格や性質、方向性によって学校を変えるのは当たり前のようです。

なかには「タイガーマム」と呼ばれて、子どもの試験結果にこだわり、「いい学校」に入れようと必死になる親も少なくないのですが、「偏差値が高い＝いい学校」というわけではなく、その人に合った学校があるという考え方をする人が多いです。

子どもの小学校を4回変えたお母さんに聞いてみた

また、華人の高校生Eさんは、小学校だけで四つ行っていました。「合わないな」と思ったらすぐに転校、を繰り返したのです。

彼の家族はクアラルンプール近郊に住む中間層で、家庭では英語を使います。お母さんは「うちは中間層だから、高過ぎる学校には行けません」と言います。長男・長女は公立の華人学校を経て、中学から折衷型インターへ通いましたが、次男のEさんは、小さい頃から言葉が少なく、小学校に上がる前に「ｄｏｇとかｃａｔとか3文字の単語」がわからない状態。「ディスレクシア（難読症）」との診断でした。ＡＤＨＤも少しあるかもしれないとのことでしたが、公的なサポートはほぼありません。

最初に入った公立学校では、中国語の読み書きがとても苦手だったそうです。詰め込み式で宿題も多く、小学校でマレー語・中国語・英語を習得することが必要ですが、彼が授業をほとんど聞いていないことがわかりました。3年経っても同様なので、お母さんは転校を決めます。

次はクアラルンプールにある、難読症の子どもを専門に教育する学校に入れました。しかし問題は、教育言語が苦手なマレー語だったこと。そこで今度は、小規模で英語で教育してくれるホームスクール、次に米国式のホームスクールに通わせたのですが、授業に興味が持てず、6カ月でやめました。困り果てて、華人の多い小規模インターの試験を受け出したのですが、なかなか合格しない。「学年を落とせば入れます」と言われたけれど、それは彼の自尊心が傷つくと思ってやめたそうです。

この時点で行く学校の候補がなくなってしまい途方に暮れました。発達障害の子どもだけを教育する機関もあったのですが、「自尊心が低くなるだろう」と行かせる気にならなかったそうです。

2学年落として入れた学校が「結果的に合っていた」

小学5年生のとき、小規模な英国式インターの校長先生に直談判《じかだんぱん》したのだそうです。その学校は、生徒の99パーセントがマレーシア人です。教科書はあまり使わず、ディスカッションや発表が授業の多くを占めます。校長先生からの回答は、「先生たちは、難読症の子に対する訓練は受けていない。だから特別なケアはできない。それから学年は2年落として欲しい。それでもよければどうぞ」でした。こうして入学を許可してもらったのだそうです。

お母さんは「1年落とすのはよくあること。でも2年のギャップは大きい。彼の自己肯定感に影響するのではないか」と悩み、しばらくは彼の年齢を隠すことにしたそうです。ところが結果的に、この学校が彼に合っていたのです。そして、高校2年になった今も同じ学校にいて、いつの間にか勉強も問題なくこなせるようになり、大学受験のための準備をしています。堂々として明るく、いつも友人に囲まれています。周囲の人間は、彼にそんな困難があったことに気づきませんでした。

お母さんは「彼にはプレッシャーを与えないように気をつけている。小学校に入るときには文章なんてまったく読めなかったのだから、テストを普通にこなしているだけで、奇跡的だと思う」と。それまでの教育にかかった金額は「家一軒が買えるくらい」だけど、「価値のある投資だった」とも言っていました。

「ここがベストではないかもしれない。でも我が家の家計で行けるギリギリの選択肢だった」と子どもには話しているそうです。「日本で苦しんでいる人たちのためになるのであれば」と、喜んで経験をシェアしてくれました。

選んだ学校が「たまたま合った」例

ある学校が「たまたま合った」例もあります。日本からマレーシアに来たアルさん（仮名）は、中学校のときにマレーシアの日本人学校から英国式インターに移ります。

お母さんによれば、アルさんはＡＤＨＤと診断され、移住当時の偏差値は35。日本にいた小学４年生のときは友達もおらず、成績についていじられたり「特別支援学級がある学校に行け」と距離をおかれたりしていました。自信がなくおどおどとし、ときに癇癪《かんしゃく》を起こしていたそうです。それがインターで５年過ごした今ではすっかり自信がつき、勉強にも積極的となり、Ａレベル課程に進学。進路も自分で決め、大学進学を控えています。

アルさんは、最初はインターに行くのを嫌がっていました。「英語もできないのに、これ以上苦労するのは嫌だし、無理、無理、無駄だと思っていた。もともとインターナショナル・スクールは外国の人や英語が得意な日本人が行くところで、自分には関係ないと思っていました」と言います。

ところが、半年後に取材すると、落ち着いた堂々とした受け答えで「移ってきてよかった。ずっとここで学びたい」と話しました。さらに５年経った２０２１年には、「やり直せるなら、もう一度同じ学校で最初からやり直したい」ほどに学校を気に入っているようです。「日本にいたら今も僕は劣等生扱いされて、行き詰まっていたと思います」と言います。

そこで、マレーシアの学校のいい点は具体的になんですか?と聞くと「いろいろあり過ぎる。学校の雰囲気。トラブルがあると先生が丁寧に解決策を教えてくれたり、助けてくれる。みんながフレンドリー。アクティビティも豊富で、盛りだくさんです」と言います。「何もかもが日本と違います。まず授業が本格的なことに驚きました。日本では先生が一方的に説明しますが、こっちでは教科書をまったく使わず、すべて自分で調べて考えるので、自分で表現することが多く、面白いです」

「入って3カ月で顔つきが変わった」

お母さんは、中学での転校は一種の賭けだったと言います。発達障害児の教育が「海外の方が進んでいる」とは知っていたけれど、実態はよくわからず、わらにもすがる思いだったそうです。

入学試験の後に、「長男はＡＤＨＤなのですが、受け入れてもらえますか」と聞いたら、先生は「何を言っているかわからない」という感じで、「てんかんがあるとか、ナースが常駐するようなスペシャルケアが必要なのか？」とポカンとしたそうです。

「もちろん、生徒同士のトラブルはあるのですが、当たり前のようにラーニングサポートの先生がいて、ときには、昼休みをつぶして付き添ってくれる。この先生が生徒の特性を見て、各教科の先生にアドバイスしているんです。マレーシアのインターナショナル・スクールで『インクルーシブ教育』を謳っているところでは、発達障害の子がいるのは当たり前で、あえてどの学校もアピールしていないので、気づきにくいです」

性格も変わったそうです。お母さんは「入って3カ月で顔つきが変わった」と言います。保育園の同級生のお母さんたちが写真を見て、「表情が違う。心配していたけど、よかった」と言ったのだそう。

「ここではアウトプットを重要視するためか、先生たちが根気よく話を聞いてくれ、親身になってくれるのです。彼は、聞いてくれる相手にはしゃべります。ただ説明が上手ではないのです。日本では先生たちが忙しく、吃音《きつおん》があったし、何を言っているかわからないと、最後まで説明を聞いてもらえないことがありました。彼は相手が聞いてくれないと、『この人は聞いてくれない』と諦める。こちらの先生は英語ができない子の話も根気よく聞くので、だんだん意見を言えるようになりました」

アルさんも「学校が少人数で、クラスでいじられても、先生が相談に乗ってくれ助けてくれました。言ったら聞いてくれるので、先生を信頼できるようになりました。それが自信につながった。自分の特性と学校システムが嚙《か》み合った。僕にとってはアドバンテージだったと思います」と分析します。

「日本では褒められることがなかったのに、授業中に手を挙げて発言したとか、小さなことから褒められる。言っていいんだ、となる。平均以上のことをやると、もっと褒められる感じでした」

そして、自ら勉強するようになったといいます。

「勉強好きになったのは、勉強のやり方自体が変わったからだと思います。生徒自身が調べてアウトプットするやり方が断然楽しかった。今は英語もできるようになり、将来も見えてきました。日本の学校にいたら、勉強はやらなかったと思う」とアルさん。

いろいろなことに挑戦し、チャンスが多かった

もう一つ、アルさんが重要視しているのが、この学校ならではの「得意なことを伸ばす教育」です。

もともと彼は数学が得意でゲームが好きだったので、コンピュータ・サイエンスを取っていました。ところが、アートの先生がセンスやデッサンを褒め、励ましてくれ、最近、デザイン系に進路を変更しました。その裏には、真剣にいろんなことに挑戦した中学時代がありました。

「いろんなことをやりました。複数の先生が相談に乗ってくれ、自分の得意なものを見つけるチャンスがものすごく多かった。ひたすらアートの先生が褒めてくれて、才能があると励ましてくれ、やっぱりアートに進もうと決めた。いろんな先生がすごくよく見てくれています」

学校の施設であるアート・デザイン・テクノロジーセンターでは、レーザーカッターや3Dプリンターなどの本格的な設備を授業で利用します。

この学校からはケンブリッジやオックスフォードなど有名大学に生徒を送っていますが、別に一流校に入るための「裏技」を教えているわけではないのです。

「それぞれの生徒のやりたいものをとことん考えていき、結果として一流校に入る人が出てきているだけ」だとアルさんは言います。

お母さんは「連れてきてよかった。全員にとってプラスになっている」と言います。お子さんは3人いて、下のお子さんは0歳時からマレーシアに住んでいますが、上のふたりはともに性格が変わったと言います。

「ふたりとも積極性が持てるようになりました。長男は特に、自信を持って、やろうと前向きになった。娘も、もともとは全部他人に譲る子だったのですが、評価してもらえるから、やってみよう、摑みに行こうと挑戦するようになりました」と言います。アルさんも、「僕から見て、この5年間、自分の長所・得意を見つけられたこと、将来をきちんと考えられたこと、先生が評価してくれたこと、信頼関係を築けるようになったことがよかった」と話してくれました。

選択肢が多過ぎるマレーシアの子どもたちの苦悩

このように、マレーシアではお金さえあれば、選択肢が山のようにあります。進学先は世界中から選べ、方式もIB、インターナショナル・スクールの英国式、米国式、オーストラリア式、カナダ式、インド式。さらに、英語圏や中華圏、インドなど、どこの国の学校へも行けます。

成績である程度振り分けられる日本の偏差値方式と違い、自分で興味を持ったところに進むのがセオリーなのです。そういう状況で、自分で全部（科目も含めて）決めなくてはなりません。

公立中学の子たちも、程度の差はあれど同様です。中学で選択科目を決めないとならないので、みんな悩みます。

近所に住むマレー系中学生は「物理を学び将来は日本に留学したい」と日本語を勉強していますし、エンジニアになることを決めて、マレーシアの大学で工学を学び出した人、ゲームデザイナーになろうとコンピュータ・サイエンスを学んでいる人、といろいろです。前述（第3章）の試験で発明品を作ったHさんは英国の医学部を目指しているそうです。

思考力、決断力をこうやって鍛えていくのでしょう。間違っているかもしれないけど、やってみて間違えないと、その先には進めないのです。

しかし、中高生だけではなく、実は多くの40代、50代の大人も悩んでいます。社会人になってから、あらためてMBAを取ったり、大学院の博士課程に進む人もたくさんいて、このような大人たちを見ていると、自分が何の「苗」なのか、どうしたら能力を活かして社会に対応していけるのか、そういうことを考えながら生きるのが、人の一生なのかもしれない、という気がしてきます。

終章　誰にでも合う完全な教育は存在しない

日本にも少しずつ選択肢が増えてきた

変わらないと言われる日本の教育。しかし文科省が国際バカロレアの学校を増やしたり、GIGAスクール構想で全員にデジタル機器を配布し「個別最適化された学び」が始まったりと、少しずつですが、変化が現れてきました。

また、民間の状況を見ていると、2000年代はじめから2010年頃のマレーシアの状況に似ています。

まずインターナショナル・スクール（インター）が増えています。

専門サイト「インターナショナルスクールタイムズ」の村田学編集長は、2019年、「日本経済新聞」で、毎年1、2校のインターが開校しており、「今後も増えていく」と予想しています。日本でインターに通うと、ときに「義務教育違反」と言われることもあるのですが、それでもインターに入れたい親が増えている背景にはグローバル化に対応する教育ニーズがあるといいます。

「（前略）年間の学費は250万円程度と富裕層向けだが、150万円程度の学校もある。

セント・メリーズ・インターナショナルスクール（東京・世田谷）など老舗のインターは外国人の比率が高いが、新設されたインターは日本人が多い」

（「日本経済新聞」２０１９年2月13日）

一方で、富裕層向けには英国の名門と呼ばれるパブリックスクール「ハロウスクール」の日本校「ハロウインターナショナルスクール安比《あっぴ》ジャパン」が岩手県に開校予定で話題になっています。ローカル向けの学費の安いインターや名門全寮制インターが増えたのは、まさに10年ほど前にマレーシアで起きたことです。

文科省が推進する国際バカロレアの学校も少しずつ増えています。２０１９年には、県立中高一貫校の広島叡智《えいち》学園が全寮制の国際バカロレア認定校として、広島県大崎上島《おおさきかみじま》町《ちょう》にできました。２０２１年には、高知県香美《かみ》市の公立小学校が国際バカロレア校に認定されました。

ユニークな学校も出てきました。２０１９年には、日本初のイエナプランスクール認定校として、私立の大日向《おおひなた》小学校（長野県）ができ、広島県福山市でも、２０２２年４月、常石《つねいし》小学校の施設を活用してイエナプランの学校を設置する予定で、先行受け入れが始まっています。岐阜市には不登校専門の公立中学校である、草潤《そうじゅん》中学校ができました。

国内で教育移住する家庭も現れており、すでに一部の学校には、移住者が殺到していま す。マレーシアでも学校に合わせて転居する家庭を見ますが、こうして子どもや親たちが選択することで、教育は変わっていくのかもしれません。

一方、以前は「マレーシアはホームスクールが選べていいですね」とよく言われたのですが、日本でも、前述のように、フリースクールに通う生徒の権利が認められるようになりました。文科省のホームページにはこうあります。

不登校は、取り巻く環境によっては、どの子供にも起こりうるものと考えています。不登校は決して問題行動であり《ママ》ません。そのため、不登校の子供の支援を行う際は、そのように受け取られないように、子供の最善の利益を最優先に行うことが求められます。

（中略）

例えば、先生以外にも、スクールカウンセラーやスクールソーシャルワーカーなどに相談することができます。また、現在通っている学校に行くことが難しい場合に、教育支援センター（適応指導教室）や民間の団体（フリースクール）に行っている不登校の子供もいます。さらに、不登校の子供のために特別のカリキュラムを持つ学校に通うという選択肢もあります。（「フリースクール・不登校に対する取組」）

「教育を選ぶ時代」が静かに始まっています。しかし選択肢が多くなると、隣の芝生が良く見えて、悩みが増えることにもなるのです。

子どもが何者なのかは、やらせてみないとわからない

私のところには、教育に関する相談が寄せられます。

「子どもを国際人にしたいですが、どの学校がいいですか」
「日本の公立学校で学習していても、大丈夫でしょうか」
「マレーシアでどの学校が一番おすすめですか？」

世界の教育について、ここまで詳しく書いてきて無責任なようですが、学校選びの第一歩は、どこか近くの学校に入れてみて子どもを観察することです。そして、「子ども自身

が楽しそうならば、それで良いのではないでしょうか」とお話ししています。

なぜそう思うのか。二つ理由があります。

一つは「合う学校」は人によって異なるからです。そしてそれは、親にはわからないことがあります。もし今ある環境が「たまたま」合っているのなら、そこが居場所として適切なのかもしれません。

これまで、日本では怒られてばかりで小さくなっていた子どもたちが、マレーシアに来て突然、元気になるケースをいくつか見てきました。

その一方で、日本の学校の方が良かったとおっしゃるお子さんも少なくありません。昔ながらの黒板を使った「詰め込み型」の授業が合う子どももいれば、ディスカッションや映像を使った授業が合うタイプもいます。こればかりは本当に試してみないとわからず、なかには「シャイで大人しかったお子さんを、スポーツが盛んな学校に入れたところ、そこが驚くほど合っていた」例もあります。

もう一つ大事なのが「子ども自身がハッピーでないと学べない」ことです。

学校が苦手だったり、心配事があったり、友達とうまくいっていなかったりすると、学習に集中するどころではなくなってしまいます。私の長男も、小学校時代、毎日学校に行くのを嫌がっていた時期は、何かに興味を持つような精神状態ではなかったようです。

大人でも、小言ばかり言われる環境や、同僚全員に無視されているような環境では、仕事のパフォーマンスを上げるのは難しいのではないでしょうか。そしてどこが合っているのかは、実は子ども自身にしかわからないのです。

誰にとっても「完璧な教育方法」は存在しない

「どこがいい学校ですか」も難しい問題です。日本ですと「偏差値の高い学校＝いい学校」と思っている人も多いと思うのですが、偏差値のない海外で、万人にとっていい学校は存在しません。なかには、「どこかに完璧な教育があるのではないか」と悩み続け、「マレーシアに来たけれども、ろくな学校がなかった」とがっかりされる保護者の方もいます。

気持ちはわかりますが、どの教育にもいい点と悪い点があり、全員に合う完璧なものは存在しないことを知っておくと、楽になると思います。児童・生徒のニーズは一人ひとり異なりますし、学び方のクセも違います。なんでも自力で学べるようになった今、学校は一つの「要素」でしかないと思います。

オードリー・タンさんの母、李雅卿さんはこんなふうに言っています。

宗漢が心に傷を負ったことをきっかけに、私はずっと子どもと学校教育の関係を模索していた。ドイツへ赴いた時には多種多様な学校を真剣に見て回り、教育方法を聞いた。そして分かったのは、すべての子どもに適した教育方法など存在しないということだった。

（近藤弥生子、前掲）

李雅卿さんはギフテッド・クラスや公立学校、ドイツの学校などを見た上で、結局自分たちで台湾にオルタナティブ・スクールを設立しますが、オードリーさんは最終的には自学自習の道を選びます。母親が子どものニーズを考えて作った学校ですら、その子どものニーズを満たせるかどうかはわからないのです。

マレーシアに来て「自信を取り戻す子どもたち」には何が起きているのか?

そうはいっても、学校や環境によって驚くほど人が変わることがあります。

6年間、マレーシアで小学生から18歳まで延べ30人以上に保護者サービスを提供する小倉なおよさんによると、日本から来て3年経つと、多くの子に変化があるそうです。

「地頭がよく勉強ができるタイプの子は、授業に退屈していたり、受験のストレスがあったりで態度が刺々しく、大人を信用していないこともあります。しかし自分の興味や得意を見つけて、本当の意味で評価され自信がつき、まわりに優しくなっていくことが多いです。一方、発達障害・不登校・いじめなどに悩んでいるタイプの子たちも、ピンポイントで得意を見つけ、頼られるようになって、自信をつけてリーダーシップを発揮するようになります」

第5章で例に出したアルさんもそうです。私の長男も、日本の公立小学校では「学年で一番怒られていた」のですが、マレーシアに来て数年すると、行動は日本にいた頃とたいして変わらないのに、クラスを統率するリーダー（プリフェクト）に選ばれたりして、親の方が驚きました。

もちろん、すべての子どもがこうなるわけではありません。しかしなんでこんなことが起きるのだろう？　私はずっと不思議だったのです。明らかに家庭ではない環境の影響なのです。

マレーシアの多くのインターでは、インクルーシブ教育を謳っており、試験に合格して入学が決定した後で初めて、「あなたのお子さんには発達障害がありますか？」と聞かれることが多いです。つまり、受験の合否に発達障害があるかどうかは関係なく、学校側は受け入れ前提で動いているので、いろんな子どもがいます。クラスに一人や二人、発達障害の人がいるのはわりと「当たり前」です。

授業中、歩いている子が普通にいるのですが、先生も生徒も、あまり気にしていません。長男はこれに安心したようです。逆に、「まわりが皆きちんとしていないと辛い」お子さんには、この環境は合わないかもしれません。

もう一つ、友達からどう見られるかの心理が働いていると思います。橘玲さんの著書『スピリチュアルズ』には、これを理解するヒントとなる現象が「友だち効果」として説明されていました。

高校を中退し、補導歴もあるバスケットボール好きの黒人の若者が、「スラム街の子どもを遠く離れた土地に転居させるプログラム」に選ばれ、中流階級の白人家庭の子どもしかいない高校に転校したケースです。彼は2年後、高校のバスケットボール部のエースとして活躍し、成績もAとBばかりで大学進学を目指すようになったというのです。

この〝奇跡(キャラ転換)〟は周囲(同い年の仲間)の評価が、「ギャングの下っ端になるしかない、失敗が運命づけられた黒人」から、「俺たちのチームのスーパースター」に変わったことで説明できるだろう。

この「友だち効果」は、90年代に米国で行われた「機会への移住実験プログラム」という大規模な実験でも確かめられているそうです。

すなわち、子育て（共有環境）ではなく、それぞれの地域の友だち関係（非共有環境）が子どもの将来に決定的な影響を及ぼしたのだ。（同前）

米国とアジアでは事情が異なるかもしれませんが、この話を読んで、マレーシアに来たばかりの頃の長男の変化を思い出しました。休み時間に仮面ライダーの絵を描いたり折り紙を折ったりしては、友達から「頂戴」と言われ、日本の学校での「落ち着きがなくて、発言が多く、怒られてばかりの子」から、「絵と折り紙が上手で、質問を積極的にする子」にキャラ転換したのだと思います。長男はよく「僕は『日本から来た不思議な生物』と思われているみたい」と言っていました。こうして、クラスでの居場所を確立していき、だんだん仲間づくりにつながり、自信を取り戻していったのです。

もちろん、先生の愛情や励ましも重要ですが、子どもにとってはやはり「友達」が大事です。人種がさまざまなインターは、日本ほど「クラスの結束」が固くなく、新入りが入りやすいのかもしれません。居場所が落ち着くと、子どもは自分自身の進路や勉強について、真剣に考えられるようになるのだと思います。

反対に、日本で「優等生」「人気者」だった子どもが、英語ができないことで劣等感を感じて消極的になったり、「日本の学校とはノリが違って一体感が感じられない」と不満を漏らすケースもありました。これもキャラが転換したケースではないでしょうか。

ですから、今いる場所がハッピーなら、放っておく戦略はありだと思います。

学びは短距離走から長距離マラソンになった

こういうお話をすると、「そんなことで受験に間に合うでしょうか」「英語は子どもの頃にやらせないと遅くないですか」と言われることもあるのですが、進路をどうするかも、最終的には本人が決めることだと思います。

かつて、学びは徒競走のようなもので、早期決戦で、早めに結果を出すことが大事でした。要は、いい大学に入れて「いい会社」に入ってしまえば安泰で幸福だという価値観でうまくいっていた時代だったということです。

今でも低年齢の受験だけなら、親の力で何とかなると思います。けれども今後は、寿命も定年もどんどん延び、子どもが生きていくのは、おそらく「一生、何度も学び直さないとならない世界」です。『サピエンス全史』のユヴァル・ノア・ハラリさんはこんなふうに言っています。


だが二一世紀には、安定性は高嶺の花となる。（中略）経済的にばかりではなく、とりわけ社会的にも存在価値を持ち続けるには、絶えず学習して自己改造する能力が必要だ――五〇歳のような若い年齢では間違いなく。

（『21 Lessons』）


50歳になっても学び直しが必要な時代には、早期教育にはこだわらなくてもよいと思います。子どもたちを見ていると、早期教育は諸刃《もろは》の剣です。とてもうまくいく場合もあれば、勉強が大嫌いになってしまうケースもあります。

もちろん、スポーツや音楽など、早く始めた方が成果が出やすい分野はあります。しかし、今は勉強のやり直しさえ厭《いと》わなければ、何歳になってからでも挑戦ができます。むしろ、今までのことを忘れて学び続ける「柔軟性」が重要かもしれません。

私自身も語学は子どもの頃にやらないと間に合わないと思い込んでいました。しかしマレーシアに来て、20代から勉強を始め、漢字の書き方を含めて日本語が流暢《りゅうちょう》になったマレーシア人を数多く見ています。大人になって英語発音のトレーニングを始め、発音を改善された日本人がいることも知りました。

「勉強の習慣をつけないと、できない子になるから」と言われる方もいると思うのですが、最初に紹介したとおり、リクルートワークス研究所の調査によると、日本のビジネスパーソンは世界一学ばないそうです。私はこの中には「子どもの頃に押しつけられ過ぎて勉強が嫌いになってしまった」人もいると思います。

おそらく多くの親が「子どもには幸福になって欲しい」との願いから、いろいろな心配をしていると思います。私自身も、受験勉強、大学教育を経て「新卒就活」で大失敗したひとりですが、まだ社会のこともよくわからない段階で、一生の就職先を決める「就職活動」は、常にマッチングがうまくいかない危険性を孕《はら》んでいます。

そのときに「いい会社に入ることが人生のゴールだ」と思い込んで、「やめたら次はないよ」と呪いをかけられたら、それこそ人生に絶望してしまうかもしれません。もっと言うと、その人の幸福感がどこにあるのか、それは親でもわからないのです。

大事なのは「変化に対応するためのスキル」

「プログラミングを覚えさせたいけど、どの言語ならずっと食べていけますか?」「自動翻訳が発達するそうですが、今から英語を学ぶ意味ってあるでしょうか」

こんな質問もいただきます。たくさんの情報があふれる時代です。本書を読んで「四つのCを教える教育に変えねば」「やはり英語が重要なんだな」と思っている人もいるでしょう。時代の流れにその傾向があるのは否定しませんが、考えてみて欲しいのです。この先ずっと役立つスキルとは、いったい何でしょうか? それは学校で教えられるようなものなのでしょうか?

おそらく、その答えは「誰もわからない」と思います。

私も1990年代、パソコン雑誌の編集部にいたとき、まさかこんなふうにスマートフォンが世界を変えてしまうとは、予想もしていませんでした。

ユヴァル・ノア・ハラリさんも、今、子どもたちが学んでいることの多くが時代遅れになる可能性が高いと言っています。２０５０年に世界がどうなっているかはまったくわからないのです。

今日私たちは、二〇五〇年に中国や世界のその他の国々がどうなっているか、想像もつかない。人々が何をして暮らしを立てているかも、軍隊や官僚制がどのように機能するかも、ジェンダー関係がどうなっているかも、まったくわからない。今よりもはるかに長く生きる人もおそらくいるだろうし、生物工学や、脳とコンピューターを直接つなぐブレイン・コンピューター・インターフェイスのおかげで、人間の体そのものが空前の革命を経ているかもしれない。したがって、今日子供たちが学ぶことの多くは、二〇五〇年までに時代後れになっている可能性が高い。

（『21 Lessons』）

彼は別の動画で今後の職業は「テントを張って、そのテントを移動して張り替える生活」と言いました。つまり、何度も学び直しが必要になる時代がそこまで来ているのです。そして「安定」は難しくなるということです。しかし、絶えず学習する力があれば、変化した状況に合わせて学ぶことができるはずです。私自身も、子どもの影響で「批判的思考力」や「メディア・リテラシー」を、ｅｄＸを利用して欧米の大学で聴講生として学んでいます。今や誰でも何歳でも学べる時代なのです。

どうやって精神的柔軟性を鍛えるのか

では、どうしたら絶えず学習する力を身につけることができるのか？

インターには、学期ごとにクラブ活動を変えさせる学校が少なくありません。なかにはサッカーが好きな子に楽器をやらせるなど、「あえて不得意なことにチャレンジさせる」ところもあります。これは「今まで学んだことを忘れて、新しいことをやる」練習なのかもしれません。つまり、学んだことや知っていること、持っているものを捨てることができるかは重要なポイントだと思います。

また、外国に住むことは、今まで常識だと思っていた前提が大きく変わるため、精神の柔軟性を鍛える訓練になります。新しい語学を学ぶと、それまでの常識や知識が役に立たず、幼児のように言葉を覚え直すことになります。この過程は子どもでも苦しいものですが、これも柔軟性を鍛えるには有効です。

子ども時代に自分の意思で何度も転校する経験は、柔軟性を鍛えるのには良い訓練だと思います。自分で選択した学校が、思ったとおりの世界ではないかもしれない。入ってみたら友達とソリが合わず「前の方が良かった」と思うかもしれません。そんなリスクを承知しつつ、「しまった！」を体験し、あえて「やめてみる」のはかなり精神が鍛えられるでしょう。マレーシアの良さは、トライアンドエラーが非常にしやすい環境が整っていることです。選択肢が多く「やめる」がやりやすいのです。

128ページで紹介したプログラミング教室では、「同じプログラムを、現存するさまざまなプログラミング言語で書き直しなさい」という課題が出ました。得意な言語から離れ、一から新しいことを学び直す。もう使われていない古い言語もあり、泣きながらやっていた子もいたそうです。これも今までに習ったことを忘れて、新しいルールで行動することの辛さを教えていたのかもしれません。先生たちは、「今プログラミングはホットだよね。Python はなかでも人気だけど、これもいつかは死ぬだろう」「今キミたちがやっているPython や JavaScript も10年後にはなくなるかもしれない」「そもそもプログラミング自体がいらなくなるかもしれない」と言っているのだそうです。

つまり「プログラミングが仕事として成立しなくなった時代に、自分が習ってきたことにいつまでもこだわっていると危険だよ」というわけです。学んでいる中身よりも、常識を忘れゼロから学び直すことで「メンタルを訓練する」ことそのものに意味があるのかもしれません。

その教室で学ぶ子ども自身も「僕たちは実は変化に対応するためのスキルを教わっている」と理解していました。では、変化に対応するために何が大事か。ハラリさんは「精神的柔軟性」と「情緒的なバランス」を挙げています。

そのような世界で生き延び、栄えるには、精神的柔軟性と情緒的なバランスがたっぷり必要だ。自分が最もよく知っているものの一部を捨て去ることを繰り返さざるをえず、未知のものにも平然と対応できなくてはならないだろう。あいにく、未知のものを取り入れ、心の安定を保つことを子供たちに教えるのは、物理の方程式や第一次世界大戦の原因を教えるよりもずっと難しい。

（『21 Lessons』）

そして同時に、この精神的柔軟性を、今の教師自身がたいてい欠いている、彼ら自身が古い教育制度の遺物だからだ、とまで言っています。おそらく、国際バカロレアでやっていることは、まさにその「柔軟性」を鍛えるための基礎鍛錬なのです。

「やめて次に行くこと」は苦しい

問題は、大人になってから「自分がよく知っているものの一部を捨て去り、未知のものにも対応すること」が大変難しいことです。

私が編集者になった頃、原稿はまだ手書きでした。しかし、90年代に登場したパソコンがあれよあれよという間に世界を変えてしまいました。最初は「ワープロで手紙を書くなんて」「メールは失礼だ」という意見もたくさんあったのですが、じきに「手書き」にこだわっていると、厳しい時代がやってきたのです。

同じようなことは、インターネット、デジタルカメラ、スマートフォンの登場時にも起きています。変革が起きるとき、新しいものは必ず批判され、一悶着《ひともんちゃく》あるのです。

皆勤賞や「石の上にも3年」にこだわってきた人は、もしかしたら「やめる」ことが悪いことのように思えてしまうかもしれません。しかし、日頃から小さいことをやめたり変えたりする「やめる練習」を繰り返すと、柔軟性の経験値ができると思います。

心理学者クルト・レビンは、組織・個人を変革するためには「解凍・混乱・再凍結」の3段階が必要だと言います。「変革」は「解凍」、つまり「やめること」から始まるのですが、「やめる」は、ほとんどの人にとって苦痛です。なかでも大変なのは「慣れ親しんだことをやめること」の苦しみです。

変化が激しい時代は、半年前の常識が通用しない。しかし新しいことを始めるときに、我々は「足し算」で考える。しかし、まず必要なプロセスは『やっていることを止める』だ。

（山口周『武器になる哲学』）

第一段階の「解凍」は、今までの思考様式や行動様式を変えなければいけないということを自覚し、変化のための準備を整える段階です。当然のことながら、人々は、もともと自分の中に確立されているものの見方や考え方を変えることに抵抗します。したがって、この段階ですでに入念な準備が必要となります。

（同前）

今まで習ったことを一旦忘れて、新しい環境で一から覚え、一番の新入りとしてやり直すのは苦痛です。次に来る第二段階は「混乱」で、「やっぱり前のやり方がよかった」「やっぱり以前のやり方に戻したい」が噴出する時期があります。しかし、この混乱期を経ると、ようやく新しい考えが定着してきます。この「混乱」に耐えるのはなかなか苦しく、実は「続けること」よりやめることの方が大変だな、と思うこともあります。

「失敗」も大事な経験だと思う

マレーシアの学校を見ていると、「失敗は大事だ」と言う先生が多いです。若いときは、この「選択して、失敗し、責任を取る」ことを、最も低リスクでできる時期ですから、できるだけ自分で試して、失敗したり、成功したり、経験値を積んだ方がいいと思います。

私の周囲の日本人にも、学校をやめたり、ホームスクールを選択する人が少なくありません。私の長男も中学に入った時点で「自分の学び方」を「自分で選ぶ」と言い出しました。「理数系とプログラミングに特化した勉強をしたい」と、中学をやめてホームスクーラーになったのです。しかし私は「このままだと小学校卒にもなれない」「人間関係が極端に少なくなるけど大丈夫?」「文系科目も勉強した方がいいのでは?」と最初は反対しました。私自身が「失敗したらどうしよう」の罠《わな》にハマっていたのです。

そこには親の目から見たら、多数のデメリットがありましたが、長男は反対を押しきり、その責任は自分で取っています。

ホームスクール時代、彼の不満は私の予想したとおり、「他者との交流が少ないこと」でした。さらに試験前に英語力が足りないことがわかり、慌てて英語のクラスを受けたいと頼んできたこともあります。英語を3年間やらなかったツケは今もあるようですが、自分で「足りない」と気づいたら、そのときに対応すればいいのかなと思います。

彼はその後、英国式の中卒資格を受けて、普通のインターに戻っていきましたが、最近では私も、ホームスクールを経験できて本当によかったな、と思うようになりました。「ホームスクール時代は、時間はたっぷりあったけれど、より広い人間関係が欲しかった。学校に戻ると、人間関係は十分だけど、自分の時間が欲しくなった」と言います。そこにはたくさんの「思ったとおりじゃなかった」「見えないところがあった」があり、それ自体が本人の学びになっているのです。

生徒が「教育の責任を取ること」がすなわち教育である

前述のようにマレーシアでは中学生くらいになると、多くの場合子どもが自分で進路や科目を選択します。ところが、この段階で苦しみ、悩む生徒が多いのです。その真剣さは日本にいたときは想像できないほどでした。

マレーシアで主流の公立や英国式では、中学入学時点で、たくさんの科目から選択科目を決めます。ここで「自分で選ぶ」に直面するわけです。特に英国式の場合、これらの選択科目は試験科目となり、進路に直結していきます。親に勧められるまま「ビジネス」や「会計」などの科目を取ってみて、試験前に「自分には向いていない」と気づいて方向転換する例もあります。

後から「無駄になった」「あの科目を取っておけばよかった」と後悔したり、少し遠回りしたりする生徒も出てきます。しかし、最終的に学習は「自分でやる」しかありません。他人である親は最終的な責任を取ることができないのです。

やりたいことを次々にただやらせてみる、このとき親は、遠くから眺めて必要に応じて手助けする、くらいでちょうどいいのではないでしょうか。

サルマン・カーンさんは「教育の責任は生徒自身が取るべきである」と言っています。つまり、本人がやる気を持って学ばない限り、「真の学習とは言えない」というのです。

教育の責任——生徒、家族、地域社会、国家の責任——はもちろん、政治の世界であらゆる角度からさかんに議論されているテーマです。しかし、「責任をとる」ことは学習そのものとは無関係だ、責任は生徒ではなく保護者や教師が負えばよい、という声があまりにも多く聞かれます。これはどれもまちがっています。教育の責任をとることがすなわち教育であり、学習の責任をとることがすなわち学習です。生徒の立場からは、責任をとることで初めて真の学習が可能になります。

（『世界はひとつの教室』）

サルマン・カーンさんの言うとおり、子ども自身が「教育の責任をとる」のはなかなか大変なことですが、親はどこかで手を離さないとならないのです。ある程度までは親や周囲の力で「伸ばしてやる」ことはできても、50歳になるまでその面倒を見ることは少ないでしょう。そうやって考えると、実は「親の仕事」はあまりないことがわかります。

「答えがないこと」に親が慣れるということ

長男の学びを見ていると、ついクイズ番組のように「結局は、何が正解なの？」と聞きたくなってしまいます。私も自らの受験勉強を経て「正解か・間違いか」「正義か・悪か」みたいな二元論で考えるクセがついているので、正解がない感覚になかなか馴染めません。なので、21世紀型の教育を見ていると、なんだか判然としないままに授業がどんどん進んでいくような錯覚に陥ります。

ホームスクールやインターナショナル・スクールの先生たちには、「答えはわからない」と平気で言う人が少なくありません。しかし、長男は逆に、先生たちは「わからない」ことを認めているから信頼できると言い、「自分の言うことに100パーセント確証を持つ人」「絶対」「これが当たり前」が口グセの人から離れ、「前言撤回」する人と一緒にいるようにしていると言うのです。

従来型教育が「世界をわかったもの」として見るとしたら、21世紀型教育の特徴は、「世界を未知のもの」として見ていることでしょう。

もし「世界をだいたいわかっている」なら、長老や経験者の知識をコピーするような暗記教育がベストなのです。これに対して、21世紀型は「正解」がないまま、答えを曖昧にしたまま、生徒自身に考えさせる授業です。IBディプロマのTOKでは、最初に「自分がいかに無知か」「『知る』ことがどれくらい難しいか」を学びます。そしてこの「正解が決まらない不安定さ」に慣れることがポイントです。

そもそも、学びの原点とは「わかっていない」と認めることではないかと思います。ユヴァル・ノア・ハラリさんの『サピエンス全史』にも近代科学における無知の重要性に触れた部分があります。

科学革命はこれまで、知識の革命ではなかった。何よりも、無知の革命だった。科学革命の発端は、人類は自らにとって最も重要な疑問の数々の答えを知らないという、重大な発見だった。

「私たちが知っていると思っている事柄も、さらに知識を獲得するうちに、誤りであると判明する場合がありうることも、受け容れている」と言うのです。

この世界をよくわからないと認めるのは、なかなかに不安なものがあります。誰かにバシッと決めてもらいたい気持ちを抑えて、宙ぶらりんな感じに慣れることが、親のマインドセットとしても重要なのかもしれません。

親の仕事は子どもを邪魔しないこと

「子どもが英語に興味を持たないのですが、どうしたらいいでしょうか」

「カーンアカデミーのような素晴らしい教材があるのに、楽しんでくれません」

「プログラミングを覚えさせたいのだが、興味を持たない」

子どもには、できるだけいろいろな経験をさせてあげたい。素晴らしいものを子どもに勧めたくなってしまう――気持ちはわかりますし、私もやってきました。けれど、親が押しつけたものが、子どもの「やりたい時期」と合わず、かえって嫌いにしてしまう可能性もあります。

「英語くらいできなければ」と、せっかく親が高いお金を出してマレーシアに連れてきたのに、日本の環境が懐かしくなり「外国人苦手。英語なんて大嫌い」になって帰っていくお子さんも少なくありません。

マレーシアのプログラミング教室には、教育熱心な親に連れられて、イヤイヤやってくる子どもたちが一定数いました。見ていると、彼らはすでに親の「やってみたら楽しいよ」を信用していません。「プログラミングは楽しいよ」と頑張って説得しても、まったく興味を持たないのです。「親が押しつけてくることは（たとえそれがゲームであろうが）どうせ全部つまらない」と思い込んでいるお子さんもいました。「学ぶこと」に絶望している人たちは、どんな優秀な先生でも指導するのは難しいと思います。

むしろ能力が伸びるのは、ゲームが大好きで「マインクラフトのModが作りたい！」というお子さんです。彼らは、たくさん遊んで満足しており、プログラミングから数学に興味を移していったりします。

私は音楽が好きで、子どもにも楽しんで欲しいと強く願い、小さい頃からヴァイオリン、その後はチェロやピアノをやらせていました。けれども長男は「音楽を押しつけられること」が好きではありませんでした。好きになれないものはやっぱり伸びなくて、どれも数年するとやめてしまいました。しかしティーンになると、ロックからクラシックに興味を持ち、ギターやピアノを買って欲しいと言い出しました。彼はまた、小さい頃、学校でドリルや計算カードをやるのが大嫌いでしたが、のちに「もし親が自分に計算ドリルを押しつけていたら、数学なんて好きにはなっていなかっただろう。それに、親が子どもにいくら『将来のため』と言ったところで、自分がそれを理解するのは容易ではない」といったことをnoteに書いています。長男がカーンアカデミーにハマったのは、彼が「数学を知りたい」と思ったタイミングで先生が勧めてくれたからでした。

親はどうしても「何か勉強っぽいものやスポーツっぽい（役に立つ）ものをやらせたい」と思ってしまいます。しかし結局は、子どもが自分で楽しいものを見つけ出すしかないと私は思います。そして重要なのはむしろ子どもの生活に自由な時間、つまり「余白」があることではないでしょうか。

では、いつおすすめするか？　そのタイミングはとても大事ですが、ベストなのは子どもが「これ何？」とか「知りたい」と思った「そのとき」に紹介することだと思います。それでも、どうしても「きっかけづくり」をしたい人は、親が自分でやってみせるといいと思います。親自身が英語学習に夢中になっていたら、子どもはやりたがるかもしれません。

子育ての目標をどこにおくかは人それぞれですが、私は「自立すること」だと思っています。自立とは、自分で決めて進むこと、つまり、親が主導しなくなるということです。中学くらいから寮生活をし始めるお子さんたちを見ていると、この自立の時期がかなり早く来ていると思います。親が近くにいない分、自分で判断せざるを得なくなるのでしょう。

子どもの個性をどう「発見」するのか

「個性を伸ばすために何をすればいいですか」とも聞かれます。無責任なようですが、こちらも「子どもをある程度、放っておくことではないでしょうか」とお答えしています。

個性とは「その人が、その人らしくある」ことでしょう。個性はすでに小さい頃から存在しており、それは親からしたら望ましい個性（外交的で友達が多い。外遊びが好き。勉強熱心など）ばかりとは限りません。

ハーバード大学のブライアン・R・リトル教授は、個性を決定づける現代のパーソナリティ科学で最も影響力がある研究分野は、「主要五因子（ビッグファイブ）」モデルだと言っています。ビッグファイブ理論は、人間のパーソナリティを決定する因子を、

開放性／誠実性／外向性／協調性／情緒安定性

の五つに分けます。

『自分の価値を最大にするハーバードの心理学講義』によると、「五因子」には約5割の割合で遺伝的な傾向が関わるそうです。例えば、「外向性」は「レモンドロップ検査」といわれる唾液を使った実験である程度知ることができますし、「協調性が高い人」はオキ

シトシンのレベルが高いそうです。

社会にとって好ましくない「個性」もあります。誠実性が低くてコツコツ学習するのに向いていない人、逆に誠実性が高過ぎて、変化に対応できない人もいます。協調性が低過ぎて、人をいじめるのが好きだったり、逆に協調性が高過ぎて、職業人としてのパフォーマンスが低いこともあるそうです。

外交型の人は、スポーツでぶつかることを恐れませんが、車に乗るとスピードを出し、規則を無視した強気の運転をすることもあるそうです。いずれにせよ、子どもの個性はある程度遺伝で決まるというのです。

しかし、同時に個性は、環境――道徳的な要因や社会の要請によって変化します。ただし、その人本来の個性と環境が違い過ぎると、本来の力も発揮できませんし、反動が来ることがあるそうです。

私たちの生活の質は、環境に大きく左右されます。生まれ持ったパーソナリティが環境に合っていれば、幸福度も高まります。

（ブライアン・R・リトル『自分の価値を最大にするハーバードの心理学講義』）

あまりにも困った個性は別ですが、個性を伸ばしたかったら「邪魔しない」「放っておく」。そして親の仕事は子どもを観察し、できるだけ「本人が力を発揮できる環境」に身をおく手助けをすることになるのではないでしょうか。

実際、マレーシアでは「欠点をそのまま放っておいて直さない」こともあります。長男は赤ちゃんの頃から個性が強いと言われ、3歳の頃から疑問があると、理解できるまで納得しないタイプで、大人が「とにかく答えはこれで、覚えればいいから」などと言うと、大変反抗するのです。

長男は大きくなってから、こんなふうに言っていました。

「例えば、子どもが『タイムトラベルって可能なんですか?』という質問をする。マレーシアのホームスクールの先生は、『ヒントとなる特殊相対性理論という理論があってね……』と納得いくまで教えてくれる。日本だと、小学1年生の子が『相対性理論って何?』って質問をすると『もっと大きくなってからね』と言われちゃう。そうすると、だんだん疑問を抱くことへのやる気がしぼんでいってしまう気がする。疑問を持って質問しても『余分なことを考えなくても、正解はこれだから、とにかく覚えればいい』と言われるから……」

これを聞いて、私は子どもはどんなに小さくても、自分とは別の個性を持つひとりの人なのだと認識したのです。そしてその個性は勝手に漏れ出てくるもので、親ができることは本人が幸福そうな限り「放っておく」しかないのかな、と思います。

どこまで子どもの「没頭」を許すかが難しい

もう一つ重要なのが「没頭をどこまで許容するか」ではないでしょうか。

ゲームばかり、漫画ばかり、YouTubeばかりの子どもがいます。親としては「一日中ゲームばかりして！」「夜遅くまでスケボーばかりやって」「漫画ばかり読んで」と言いたくなります。

我が家の長男も小学生の頃は、いつも何かに「ハマって」いました。それはゲームの「マインクラフト」だったり、日本語の漫画や「怖い話」だったり、スケートボードだったり、YouTuberのヒカキンさんだったり、さまざまです。

特に難しいのはゲームです。子どもがゲームをしている場合、具体的に何をしているのか外からは見えません。親からは、それが単なる時間つぶしなのか、研究なのか、

Robloxで誰かと「仕事」をしているのか、eスポーツの練習なのか、友達とのコミュニケーションなのかが見えないのです。聞くと友達とマインクラフトでゲームを作って競争していたり、いつの間にかプログラミングを覚えて「パソコン」を作っていたこともありました。何をしているのか、先入観で決めつけず、根気よく、直接聞くしかないと思います。

とはいえ、過度な没頭に付き合うのは大変なこともあります。

長男は中学時代には数学と物理・プログラミングにのめり込んでいましたが、土日も夜遅くまで教室で粘って先生と議論するため、帰宅はいつも夜中です。先生は「彼の没頭を途中で止めようとしないでください」と言って付き合ってくれたのですが、親の方がくたくたで、翌日の学校に親子揃って寝坊する始末でした。のめり込み過ぎると、「この子はほかのことをやらなくていいのか」「こんなに一日中、同じことばかりやっていて大丈夫だろうか」「学校の勉強を放置していいのか」と不安になるのです。

しかし「没頭」がのちの興味につながっているケースが少なくありません。

プログラミング教室で働いていたとき、最も伸びるお子さんは、前述のとおり、プログラミングにすでにハマっている子どもたちでした。「論理回路」をマインクラフト上で作ったりしていて、興味がすでに「作る方」に移っていました。彼らは、例外なくゲームが大好きで「やりたいから作る」という感じなのです。

ホームスクールの子どもたちは、それぞれが自分の世界を持って「没頭」することで、自分の強みと個性を作っていました。

長男のアイドルは、長らくYouTuberのヒカキンさんでした。その後、数学好きの大学生「はなお」さんになり、そのうち英語圏の数学者のYouTubeに移っていきました。今思うと、日本語のYouTubeや漫画にハマったことが、結果的に彼の日本語の言語能力につながっていると思います。嫌いだった漢字を自分で学習し始め、今では日本語で小説も読んでいます。「没頭」の力はときに学校教育を超えるのだなと思います。

人には学び方のクセがある

「没頭」を許容し、「放っておき」つつ、親として観察して欲しいのは、子どもの学び方のクセです。これは自分を含めどんな人でも、大なり小なり、それぞれ傾向があると思います。クセとは、頭に定着しやすいのが耳からか、目からか、文章か。朗読が得意か、黙読が得意か、ということです。

私は「朗読」より「黙読」の方が頭に入るタイプのようで、学校では「朗読」の価値がまったくわからず「朗読するより黙読の方が頭に入るのに、なんでわざわざ朗読するんだろう?」と疑問に思っていました。世の中には、朗読した方が頭に入りやすい人が多いということに気づいたのは、つい最近のことです。

マレーシアのインターでときどき用いられるテストに、CAT4があります。これは英国で開発された、Cognitive Abilities Test（認知特性テスト）第4版の略で、言語的（Verbal）、非言語的（Non-verbal）、数量的（Quantitative）および空間的（Spatial）のそれぞれの考察力を教えてくれるものです。

数量的スコアが低いと数学に苦労するかもしれませんし、言語的スコアが低いと授業についていくのが難しいかもしれません。この洞察をもとに、学習をパーソナライズしたり、傾向を知ることができるのです。

例えば、テスト結果にはこんなことまで書いてあります。

・あなたは空間的考察が大変得意です。
・空間的考察の特徴として、あなたは「大きな絵」を瞬間的にとらえます。そのためステップバイステップで考えなくても、しばしば問題解決ができます。しかしそれを他人に説明するときには、言語能力を使って証明しましょう。

・あなたは細部への注意力にしばしば欠けます。タスクを行うときは注意深く読みましょう。

・学ぶときは、空間的考察とビジュアルによるアプローチを使いましょう。例えば、テキストではなく動画のバージョンを使いましょう。絵がついたテキストを選んだり、復習時にはマインドマップやチャートを作ったりしましょう。

・テキストを読むときは、最初に見出しや画像、チャートを見ましょう。そうすることで、全体像を摑んでから読み出すことができます。

・ノートを取る際には絵を描きましょう。

・サイエンス・テクノロジー、デザイン、地理を楽しむでしょう。しかし、あなたの学びの傾向に合った教材を使いましょう。そうすることで、広い科目でうまくやれるでしょう。

こうした認知特性を知っておくと、学び方を選ぶのに役立つと思います。

視覚優位・言語優位・聴覚優位

日本にも同じようなテストがないかと探してみたら、小児科専門医の本田真美《まなみ》さんが書いた『医師のつくった「頭のよさ」テスト―認知特性から見た6つのパターン』にも「認知特性」の項目がありました。

実は、日常の動作は各人、驚くほど異なり、その傾向には、脳の「得意・不得意」が大きく影響するそうです。ジェットコースターが好きな人と嫌いな人では、実は脳の傾向が異なるというのです。「外界からの情報を頭の中で理解したり、整理したり、記憶したり、表現したりする方法」にはいろんなタイプがあり、それを「認知特性」と呼んでいます。

この本には「本田35式認知テスト」がついていて、

【視覚優位者】
・写真（カメラアイ）タイプ
・三次元映像タイプ
【言語優位者】

・言語映像タイプ
・言語抽象タイプ
【聴覚優位者】
・聴覚言語タイプ
・聴覚&音タイプ

を教えてくれます。

日本の勉強は言語優位者に向いているので、言語優位タイプには受験が得意な人が多いそうです。大事なのは、認知テストの結果だけではなく、どうしたら、比較的快適に、社会で自分を活かせるのかです。この認知特性を理解しないまま、学校やメソッドを選んでも意味がないといいます。

よく「マレーシアでどの学校が一番おすすめですか?」と聞かれますが、子どもによって違うのはこのためです。日本の偏差値教育に近い、書籍や昔ながらの黒板が合う子どももいれば、ディスカッションや映像を使った授業が合う子もいて、学校が提供するものもさまざまなので、一概には言えません。

要するに「おしゃべりが苦手なのにプレゼンテーションばかりの学校に行ったら苦労するし、逆に文字が苦手なのに文章からのインプットだけの学校に行ったら苦労する」のです。

「幼児の頃に英語をやらせないと間に合いませんか」

最後に英語についてです。

英語はすでに世界の共通語で、マレーシアではほとんどの人が英語をよく理解します。英語ができると世界を理解するOSが一つ増えるので、教育の選択肢も利用できるコンテンツも格段に増え、「世の中の見え方」が変わります。その意味で、早めに英語を身につけておくことは、将来を考える上でも、柔軟性を鍛える意味でもとてもいいと思います。

ところが日本の場合、マレーシアやシンガポールのように英語を小学校から身につける環境が整っているとは言い難いのです。日本の小学生はそれなりに忙しいので、ここにお稽古事としての英語を足すのがいいかどうかは、何とも言えません。もしかしたら、何かに「没頭」していて放っておいた方がいい子もいるかもしれませんし、なかには、一生ローカルで生きて、英語が必要なく済んでしまう人もいそうだからです。

それに「小学生で海外に住めば英語ができるようになる」というのも幻想で、マレーシアに来て、インターに入って毎日英語の授業を聞いていても、いつまでも英語が苦手な子どもたちはたくさんいます。

学校は「語学学校」ではないため、結局フィリピンのオンライン英会話などを利用するケースが多いです。どんなに良い環境を与えても、学習するのは「自分次第」で、語学学習には地味な繰り返しや暗記が必要になります。タイミング的に本人が入っていけなかったり、単語を覚えることに意味を見いだせないと続きません。

そして最終的に伸びる人に共通しているのは、結局は友達との付き合いや、英語圏の映画やドラマ、小説といったコンテンツなどに夢中になる「没頭力」だと思います。

前述したように、「その先に何が見えるのか」わからないままに英語を強制され続け、逆に「英語嫌い」になってしまうお子さんもいます。押しつけには要注意です。

また、英語学習もマラソンのようなもので、「我慢して一時期頑張れば身につく」とも言い切れません。もちろん、小さい頃に始めた方が有利だという研究が多いのですが、小さい頃に習った英語をすっかり忘れてしまう人もいます。また、高校生から留学して身につけて外資系で働いている人、大人になってから留学なしに英語を学習し、トレーニングの末に綺麗な発音を習得された人もいるので、年齢にはそこまでこだわらなくていいように思います。

それに勉強は一生続きます。フィリピンの英会話の先生たちを見ていると、彼らが「今も学習を必死に続けている」ことに気づきます。数年勉強し、その「貯金」で生きられるほど、甘くないのです。

一番良いのは、親が英語を学習する姿を子どもに見せることだと思います。フィリピンに親子留学した生徒は、「それまで『英語頑張れ』と言うばかりだったお母さんが、ようやく英語で授業を受けることの辛さを理解してくれた」と喜んでいました。「単語がなかなか覚えられない」「先生にまた文法ミスを直された」など、オンライン学習での悩みを中学生の娘さんと共有している人もいます。

最近では、オンラインで自宅で学習するサービスも多くあります。

このように親自身が勉強するのが最も効果があると思います。

ホームスクーラーが当たり前になる日が来るのか

日本では、今や不登校の児童・生徒が増え、2020年度で約19万6000人もいるそうです。かつて不登校は「学校に戻すべき」という論調が多かったのですが、文科省が不登校を「問題行動ではない」と断言したのは、大きい変化です。

さらに、「義務教育の段階における普通教育に相当する教育の機会の確保等に関する法律（教育機会確保法）」が平成29年2月14日に施行されました。

以下は文科省が２０１９年に発した通知です。

> また、児童生徒の才能や能力に応じて、それぞれの可能性を伸ばせるよう、本人の希望を尊重した上で、場合によっては、教育支援センターや不登校特例校、ＩＣＴを活用した学習支援、フリースクール、中学校夜間学級（以下、「夜間中学」という。）での受入れなど、様々な関係機関等を活用し社会的自立への支援を行うこと。
>
> その際、フリースクールなどの民間施設やＮＰＯ等と積極的に連携し、相互に協力・補完することの意義は大きいこと。
>
> （「不登校児童生徒への支援の在り方について（通知）」）

つまり、すでに学校以外でも、特性に応じて可能性を伸ばすよう、柔軟に認める方式に転換しているようです。私の知り合いにも、すでに日本にいながら「積極的ホームスクーラー」をやっている方々が少ないながらもいます。

同じことは前述の通り台湾でも起きており、オルタナティブ教育は合法化されています。オルタナティブ教育はすでに「普通の学校に馴染めない子どもが選ぶ特別なもの」ではなくなり、多様な選択肢の一つとして存在感を示しているそうです。

以前は「マレーシアには選択肢があっていいな……」とよく言われたのですが、このように、日本や台湾も似たような状況になりつつあります。マレーシアと違って人種や宗教の多様性が少ないところはデメリットかもしれませんが、一方、公立でも国際バカロレア教育があるなど、マレーシアにはない点もあるのです。あとは何をどう選択するか、ではないでしょうか。

保護者や子どもたちが主体的に、教育を変えていく

もちろん、まだまだ日本の教育の変化は始まったばかりです。

前出のオランダ在住の三島さんは「どうすれば日本の教育は変わると思いますか」という問いに対し、こう言っています。

「現場から、教員の意識改革から変わると信じています。既存の教育に危機感を抱いてい

る保護者、教職員も多くいます。現場の先生でその危機感を発信している人たちは少数ですが、それらの人々が学校内だけでなく、学校外でも手をつなぐと、そこから何かが変わるでしょう。合意が得られれば学校も変わります」

親や教師、社会が謙虚に学び直し、変わることも必要になるでしょう。不登校の生徒について文科省がいくら「学校に行かないことは問題行動ではない」と言ったところで、「学校に行かないなんて」と責める人もまだまだ多いと思います。

どの国でも、教育改革は一筋縄ではいきませんが、多くの場合、親や子どもが主役となって動かしています。

マレーシアでは、政府が理数系科目をマレー語で教えると決めたとき、親や子どもが自ら動きました。「これからの教育はグローバルであるべきだ」と考えた親たちは、子どもをインターに転校させ、私立学校がインターに鞍替《くらが》えしたり、インターを併設したりするようになりました。「インターは高過ぎる」「子どもを行かせる学校がない」と設立されたホームスクールやオルタナティブ・スクールも存在しています。自国の教育に満足できない人々は海外に活路を求めています。

台湾でも、教育に絶望した保護者たちが動きました。

「台湾の教育には絶望する」――筆者自身、保護者たちからも、若い友人からも、そんな言葉を何度も聞いたことがある。「変えることなどできないから」と、海外へ留学する台湾人も少なくない。問題がどこにあるのかは分かっていても、根本が複雑すぎて、一朝一夕で変えられるようなものではないからだ。

（近藤弥生子、前掲）

しかし親や生徒が自ら動いたことから、国は法律を変え、ホームスクーラーが合法化されたのです。

私は、個人個人が予算や都合、子どもの性格に合わせて教育を「選ぶ」時代に入ったと見ています。過渡期なので、いろいろな問題が起きるでしょう。マレーシアもそうでしたが、何かをやめて、新しいことを始めるには、問題がつきものだからです。

こうして、教育移住をしたり、フリースクールを選んだりして、教育を親や子が「オーダーメードする時代」が、ついに日本でも始まりつつあります。

おわりに

この本を読まれて、がっかりする読者の方もいるかもしれません。本書は「一流大学に簡単に入る方法」や「この方式が絶対良い」などの正解を出していないからです。「答えがない」教育の時代は教育自体にも正解がありません。受験教育を経て「正解がある」と思い込んできた私のような人間は、「正解がない感じ」に慣れるのがなかなか大変です。

さらに今や、子どもの方がずっと世界で何が起きているのかを知っています。

マレーシアで教育現場の取材を始めて、子どもたちの話が面白いことに気づきました。かつて12歳のプログラマーとしてTEDに登場したトーマス・スウォレズさんは、「近頃は技術に関しては先生よりも生徒の方が詳しいんです（笑）」と言っていました。自分の子どもに「今、何が流行っているの」とじっくり話を聞いてみると、面白い世界を教えてくれたりするのです。

長男がかつていたホームスクールの先生の口グセは、「子どもたちの方が世界をよく知っている」「子どもたちは自分たちをすぐに超える」でした。最近になって、いよいよこの言葉の意味を嚙み締めています。

そんな時代の教育とは、答えのない場所を、自分の居場所を探してさまようプロセスそのものなのかもしれません。

一人ひとりの人間の能力や認識方法は異なります。実は本人にも自分が何の「苗」なのかがわかっていないことがあります。

私の長男も、日本の公立学校、英国式、国際バカロレア、ホームスクールとあちこちを放浪しました（その経緯は拙著『日本人は「やめる練習」がたりてない』と『マレーシアに来て8年で子どもはどう変わったか』に書きました）。これからもまだ悩むでしょう。振り返ると「自分が何に向いていて、何に向かないのか」を子ども自身が悩み、判断することが最も貴重な体験だったと思います。それを引き出したり、試したり、ときには失敗したりの訓練をする場所が、「教育」なのかもしれません。そして、試行錯誤をしている子どもに対し、知識の浅い他人である親ができることは、実はほとんどありません。

東南アジアに来てよかったのは、多文化・多民族に触れられること。親の私も遅まきながら自分の不勉強に気づき、周囲のマレーシア人や子どもに教わりつつ、ｅｄＸでオーストラリアの大学の哲学の授業を受けたり、「フォニックスが大事だよ」と言われて発音の訓練を受けたり、数学を学び直したり、Duolingo でインドネシア語を学んだりしています。そして、あらためて今まで自分がいかに狭い世界しか知らなかったかを思い知らされました。

もし、教育に悩んでいる方がいたら、まずは目の前のお子さんが何を見ているのか、どんな世界に生きているのかを聞いてみると、そこには親が知り得ないほど広い世界が広がっているかもしれません。

本書は、note（https://note.com/kyoukn）の定期購読マガジン「東南アジアここだけのお話」に書いた記事を元に、大幅に加筆・修正したものです。購読者のみなさまにもお礼を申し上げます。また、多くの方の協力があって作ることができました。

マレーシアで学んでいる学生、保護者のみなさま、先生方、貴重な話を聞かせていただいたことを感謝します。フィリピンやタイ、オランダ、オーストラリア、ニュージーランド、米国、フィンランドなど各国の教育事情を教えていただいたみなさま、また、モナッシュ大学マレーシア校の渡部《わたべ》幹《もとき》准教授には全面的に助けていただきました。

最後に、本書執筆の機会を下さった集英社新書編集部の東田健編集長はじめ編集部のみなさま、学業の忙しい中、毎回の取材に応じてくれた長男はじめ家族のみんなにも感謝します。

参考文献・資料（各章の登場順。重複して出てくる場合は初出のみ表記）

第1章

「とめ、はねで1年生に0点　先生、厳しすぎませんか？」、「西日本新聞」２０２１年４月４日
https://www.nishinippon.co.jp/item/n/718030/

サルマン・カーン、三木俊哉訳『世界はひとつの教室―「学び×テクノロジー」が起こすイノベーション』ダイヤモンド社、２０１３年

ユヴァル・ノア・ハラリ、柴田裕之訳『21 Lessons―21世紀の人類のための21の思考』河出書房新社、２０１９年

太田美由紀「35年前から進化しない日本の教育は、世界の変化に追いつけるのか」、「Forbes JAPAN」２０１９年11月14日　https://forbesjapan.com/articles/detail/29825/

大前研一、ビジネス・ブレークスルー出版事務局編著『21世紀を生き抜く「考える力」―リカレント教育・ＳＴＥＡＭ・国際バカロレア』大前研一通信・特別保存版 Part.13、ビジネス・ブレークスルー出版、２０２０年

「日本の15歳「読解力」15位に後退　デジタル活用進まず」、「日本経済新聞」２０１９年12月３日
https://www.nikkei.com/article/DGXMZO52905290T01C19A2CC1000/

スマイリーキクチ『突然、僕は殺人犯にされた―ネット中傷被害を受けた10年間』竹書房、２０１１年

「ＯＥＣＤ国際教員指導環境調査（ＴＡＬＩＳ）２０１８報告書―学び続ける教員と校長―のポイント」

文部科学省ホームページ　https://www.mext.go.jp/component/b_menu/other/__icsFiles/afieldfile/2019/06/19/1418199_2.pdf

窪田順生「『うがい薬買い占め』で露呈する、日本の学校教育の致命的欠陥」、「DIAMOND online」２０２０年８月６日　https://diamond.jp/articles/-/245187

大前研一、ビジネス・ブレークスルー出版事務局編著『世界への扉を開く〝考える人〟の育て方』大前研一通信・特別保存版 Part.Ⅸ、ビジネス・ブレークスルー出版、２０１６年

橘玲「日本企業は『体育会系』大好き、日本社会は『運動部カルト』」、「週刊プレイボーイ」２０１８年６月４日号　https://news.yahoo.co.jp/byline/tachibanaakira/20180611-00086224

おおたとしまさ「日本の子どもの『読解力』８位から15位に急落　〝ＰＩＳＡショック〟をどう読み解く？」、「文春オンライン」２０１９年12月６日　https://bunshun.jp/articles/-/16944)

MIT OpenCourseWare FAQs　https://ocw.mit.edu/ans7870/global/MIT_OpenCourseWare_FAQs.pdf

第2章

中野円佳「世界でブーム『全人格で競う教育』の過酷な実態　シンガポールで『習い事競争』が起きる理由」、「東洋経済オンライン」２０２１年６月９日　https://toyokeizai.net/articles/-/432723

浦上早苗のインサイド・チャイナ「中国政府、少子化対策で『宿題禁止令』。幼稚園で円周率１００ケタ暗記、重い負担が社会問題に」、「BUSINESS INSIDER JAPAN」２０２１年８月３日　https://www.businessinsider.jp/post-239568

ケン・ロビンソンのＴＥＤ動画「学校教育は創造性を殺してしまっている」 https://www.ted.com/talks/sir_ken_robinson_do_schools_kill_creativity?language=ja

ケン・ロビンソン、ルー・アロニカ、岩木貴子訳『CREATIVE SCHOOLS―創造性が育つ世界最先端の教育』東洋館出版社、２０１９年

王青「中国人の教育ママと子どもたちが日本の小学生を見て驚き、感動したこと」、「DIAMOND online」２０１９年12月12日 https://diamond.jp/articles/-/222896

中野円佳「親がわが子を受験戦争から撤退させられない理由 シンガポール政府の目玉改革への親たちの本音」、「東洋経済オンライン」２０２１年5月26日 https://toyokeizai.net/articles/-/430129

冷泉彰彦『アイビーリーグの入り方―アメリカ大学入試の知られざる実態と名門大学の合格基準』阪急コミュニケーションズ、２０１４年

第3章

「国際バカロレア（ＩＢ）の教育とは？」国際バカロレアホームページ https://www.ibo.org/contentassets/76d2b6d4731f44ff800d0d06d371a892/what-is-an-ib-education-2017-ja.pdf

大前研一、ビジネス・ブレークスルー出版事務局編著『変革―コロナ禍で加速する学びの潮流』大前研一通信・特別保存版 Part.14、ビジネス・ブレークスルー出版、２０２１年

山本秀樹「教師が話せる時間は10分だけ？ ミネルバ大学が見つけた『最も効率よく学習できる方法』とは何か」、「DIAMOND online」２０１８年7月27日 https://diamond.jp/articles/-/175777

「『知名度ゼロ』だったメルカリ、インド最難関大から一挙採用　海外ＩＴ人材つかむコツ」、「朝日新聞GLOBE +」２０２１年７月９日　https://globe.asahi.com/article/14390207

第４章

近藤弥生子『オードリー・タン　母の手記『成長戦争』─自分、そして世界との和解』KADOKAWA、２０２１年
モーリー・ロバートソン「驚異の進化を遂げる世界の教育コンテンツ。日本は置いていかれる?」、「週プレＮＥＷＳ」２０２１年７月12日　https://wpb.shueisha.co.jp/news/society/2021/07/12/114028/
Vsauce ホームページ　https://www.vsauce.com/#/
TED-Ed ホームページ　https://ed.ted.com/
Kurzgesagt – In a Nutshell ホームページ　https://kurzgesagt.org/
Veritasium ホームページ　https://www.veritasium.com/
Minute physics ホームページ　https://www.minutephysics.com/
3Blue1Brown ホームページ　https://www.3blue1brown.com
Crash course ホームページ　https://thecrashcourse.com/
ウォルター・ルーウィンの YouTube チャンネル「Lectures by Walter Lewin. They will make you ♥ Physics.」　https://www.youtube.com/channel/UCiEHVhv0SBMpP75JbzJShqw
ドミニク・ワリマン博士の YouTube チャンネル「DoS–Domain of Science」　https://www.youtube.com/

c/domainofscience
ヴィクトリア・ハートの YouTube チャンネル「Vihart」 https://www.youtube.com/channel/UCOGeU-1Fig3rrDjhm9Zs_wg
YouTube チャンネル「Numberphile」 https://www.youtube.com/user/numberphile
Zsolnai-Feher の YouTube チャンネル「Two Minute Papers」 https://www.youtube.com/c/K%C3%A1rolyZsolnai
edX ホームページ https://www.edx.org/
Coursera（コーセラ）ホームページ https://ja.coursera.org/
MIT OpenCourseWare ホームページ https://OCW.mit.edu/index.htm
Kent Walke "A digital jobs program to help America's economic recovery" https://blog.google/outreach-initiatives/grow-with-google/digital-jobs-program-help-americas-economic-recovery/
和歌山大、床井准教授インタビュー「無償モデリングソフト『Blender』は VTuber で需要急増？ 大人気の『無償マニュアル』の裏側を聞いてみた」、「窓の杜」２０２１年７月８日 https://forest.watch.impress.co.jp/docs/special/1335793.html
「新型コロナ休校で『教育格差』６割、慣れないオンライン授業には戸惑い」、日経ＢＰ「教育とＩＣＴ Online」２０２０年６月25日 https://project.nikkeibp.co.jp/pc/atcl/19/06/21/00003/062500095/
Save My Exams ホームページ https://www.savemyexams.co.uk/
ZNotes ホームページ https://www.znotes.org/

第5章

「米公立校に増える国際バカロレアの導入」、「THE WALL STREET JOURNAL」２０１３年６月17日　https://jp.wsj.com/articles/SB10001424127887323382204578550554014514788

「ＩＢとは」文部科学省ＩＢ教育推進コンソーシアムホームページ　https://ibconsortium.mext.go.jp/about-ib/

「国際バカロレア認定校、２０２２年度までに２００校超へ」、「ReseEd（リシード）」２０２１年６月30日　https://reseed.resemom.jp/article/2021/06/30/1846.html

仙台育英学園高等学校ホームページ　https://www.sendaiikuei.ed.jp/hs/education/ibdp/qa.html

終章

「増えるインターナショナルスクール、専門家に聞く」、「日本経済新聞」２０１９年２月13日　https://www.nikkei.com/article/DGXMZO41167550S9A210C1000000/

「インターナショナルスクール、続々開校　英名門２校も　寮生活・英語で授業…『世界』見据えた学び」、「朝日新聞 EduA」２０２１年10月20日　https://www.asahi.com/edua/article/14463132

「フリースクール・不登校に対する取組」文科省ホームページ　https://www.mext.go.jp/march_lion/torikumi_futoukou.htm

橘玲『スピリチュアルズ─「わたし」の謎』幻冬舎、２０２１年

山口周『武器になる哲学―人生を生き抜くための哲学・思想のキーコンセプト50』KADOKAWA、2018年
ユヴァル・ノア・ハラリ、柴田裕之訳『サピエンス全史―文明の構造と人類の幸福』上下巻、河出書房新社、2016年
ブライアン・R・リトル、児島修訳『自分の価値を最大にするハーバードの心理学講義』大和書房、2016年
本田真美『医師のつくった「頭のよさ」テスト―認知特性から見た6つのパターン』光文社新書、2012年
「不登校児童生徒への支援の在り方について（通知）」令和元年10月25日　文部科学省ホームページ
https://www.mext.go.jp/a_menu/shotou/seitoshidou/1422155.htm

URLの最終閲覧日は2022年1月12日

野本響子（のもと きょうこ）

早稲田大学卒業後、保険会社を経てアスキーで編集に携わる。フリー編集者を経験後にマレーシアに滞在し、現在はnoteなどで同国の生活や教育情報を発信。著書に『日本人は「やめる練習」がたりてない』（集英社新書）、『いいね！ フェイスブック』（朝日新書）、『マレーシアに来て8年で子どもはどう変わったか』（サウスイーストプレス）など。

子《こ》どもが教《きょう》育《いく》を選《えら》ぶ時《じ》代《だい》へ

集英社新書一一〇五E

二〇二二年二月二二日 第一刷発行
二〇二四年八月 六 日 第三刷発行

著者……野《の》本《もと》響《きょう》子《こ》
発行者……樋口尚也
発行所……株式会社集英社
東京都千代田区一ッ橋二－五－一〇 郵便番号一〇一－八〇五〇
電話 〇三－三二三〇－六三九一（編集部）
〇三－三二三〇－六〇八〇（読者係）
〇三－三二三〇－六三九三（販売部）書店専用

装幀……原 研哉
印刷所……TOPPAN株式会社
製本所……株式会社ブックアート
定価はカバーに表示してあります。

ISBN 978-4-08-721205-1 C0237

Printed in Japan

a pilot of wisdom

a pilot of wisdom

集英社新書　好評既刊

コロナとWHO　感染症対策の「司令塔」は機能したか
笹沢教一　1092-I
WHOは新型コロナウイルスに対して的確な対応をとってきたのか。様々な施策を緻密に検証する。

シンプル思考
里崎智也　1093-B
第一回WBCで日本代表の正捕手を務めた著者が、迷わず決断し行動するために必要な思考法を説く。

代表制民主主義はなぜ失敗したのか
藤井達夫　1094-A
ポピュリズムが席捲する中、民主主義はどこへ向かうのか。政治理論を基に様々な可能性を検証する。

シングルマザー、その後〈ノンフィクション〉
黒川祥子　1095-N
国から見放された女性たちの痛切な叫びに耳を傾け、制度の不作為を告発するルポルタージュ。

会社ではネガティブな人を活かしなさい
友原章典　1096-A
幸福研究を専門とする著者が、最新の研究から個人の性格に合わせた組織作りや働きかたを提示する。

胃は歳をとらない
三輪洋人　1097-I
胃の不調や疲労は、加齢ではない別の原因がある。消化器内科の名医が適切な治療とセルフケアを示す。

他者と生きる　リスク・病い・死をめぐる人類学
磯野真穂　1098-I
リスク管理と健康維持のハウツーは救済になるか。人類学の知見を用い、他者と生きる人間の在り方を問う。

韓国カルチャー　隣人の素顔と現在
伊東順子　1099-B
社会の〝いま〟を巧妙に映し出す鏡であるさまざまなカルチャーから、韓国のリアルな姿を考察する。

9つの人生　現代インドの聖なるものを求めて〈ノンフィクション〉
ウィリアム・ダルリンプル／パロミタ友美　訳　1100-N
現代インドの辺境で伝統や信仰を受け継ぐ人々を取材。現代文明と精神文化の間に息づくかけがえのない物語。

哲学で抵抗する
高桑和巳　1101-C
あらゆる哲学は抵抗である。奴隷戦争、先住民の闘争、啓蒙主義、公民権運動などを例に挙げる異色の入門書。